Martin Kolozs

„FÜR CHRISTUS ZU LEIDEN IST EINE EHRE"

Lebensbild des seligen Paters Jakob Gapp

Zur 25. Wiederkehr der Seligsprechung
von Pater Jakob Gapp am 24. November 2021
und zum 125. Geburtstag
des Tiroler Märtyrerpriesters am 26. Juli 2022

Verlag: Kyrene.vitae (Wien)
Herausgeber: Erzbischof emeritus Dr. Alois Kothgasser SDB, Baum-kirchen
Buchpatenschaft: Erzbischof Mag. Dr. Franz Lackner OFM, Erz-diözese Salzburg
Gedruckt mit Unterstützung des Landes Tirol (Kulturabteilung)
Umschlaggestaltung: DI Carina Haberl-Kolozs unter Verwendung einer Darstellung des seligen P. Jakob Gapp von der Generalleitung der Marianisten, Rom
Satz und Korrektur: Joe Rabl
Bildnachweis: Provinzarchiv der Marianisten, Greisinghof, Tragwein (S. 15, 29, 53, 69), Familienchronik Josef Ebenbichler (S. 19)
Printed in Europe
1. Auflage: 1.000 Stück (Januar 2022)
ISBN: 978-3-902873-98-9

Inhalt

„Pater Jakob Gapp wird uns ein bleibendes Vorbild für das unerschrockene Zeugnis der Wahrheit sein. Sein Leben und Sterben haben etwas von Johannes dem Täufer, der unerschrocken zum Tyrannen sagte: ‚Es ist dir nicht erlaubt‘, und dafür in den Tod ging. Pater Gapp ist das Vorbild des unbequemen Mahners, wenn es um die von Christus geoffenbarte Wahrheit geht.“

Hl. Papst Johannes Paul II.[1]

„Jakob Gapp widersteht der Versuchung, Glaube opportunistisch in eine allgemeine Unverbindlichkeit, ein ‚Irgendwie‘ hinein aufzulösen und den jeweiligen herrschenden Interessen, Moden und Mächten ‚tolerant‘ anzupassen. Er nimmt Glaube, Nachfolge und Evangelium beim Wort. Er widersteht der privatistischen Reduktion des Glaubens auf die bloße Innerlichkeit und bezeugt ihn vor den Foren der Gegner. So ist christlicher Glaube nicht weltflüchtig. Er ist die geschenkte, erlittene, erbetene, erkämpfte Spannungseinheit von Gottes- und Weltverantwortung, von Gebet und Tat.“

Bischof Manfred Scheuer[2]

Vorwort des Herausgebers

„Christen leben anders!", so hört oder liest man nicht selten in unserer herausfordernden Zeit und viel bewegten Welt. Wo und worin und wie wird heute unser Christsein erfahrbar oder auch nicht?

Am Christkönigssonntag vor fünfundzwanzig Jahren wurde der aus Wattens in Tirol gebürtige Priester Jakob Gapp aus der Gemeinschaft der Marianisten vom nunmehr heiligen Papst Johannes Paul II. im Petersdom als Glaubenszeuge und Märtyrer seliggesprochen. Damit wurde er als Seliger der Kirche Jesu Christi anerkannt und als Vorbild und Fürsprecher vorgestellt. Er ist den Weg der Nachfolge Christi gemäß dem Evangelium in Treue bis zur Hingabe des Lebens im Martyrium gegangen.

Das Lebensbild, das Martin Kolozs aus diesem Anlass mit viel Mühe und Genauigkeit im vorliegenden Buch gezeichnet hat, gibt einen realistischen Einblick in den Weg eines ehrlichen und radikalen Christseins mit allen Höhen und Tiefen, Kämpfen, Niederlagen, Zweifeln und Siegen.

In einer Zeit säkularer, unterschiedlicher weltanschaulicher und religiöser Angebote brauchen wir solche Vorbilder und Fürsprecher für ein wahres Christsein, wie es auch für einen synodalen Weg in den Seligpreisungen der Bergpredigt, den leiblich-geistig-geistlichen Werken der Barmherzigkeit, am Ende des Matthäus-Evangeliums sowie am Kreuzweg des Herrn und in seiner Auferstehung vorgegeben ist.

Dankbar für das Glaubens- und Lebenszeugnis des seligen Jakob Gapp, wie es Martin Kolozs auch für unsere Zeit vorgezeichnet hat, bleibe ich mit auf dem Weg.

Erzbischof emeritus Alois Kothgasser SDB

„FÜR CHRISTUS ZU LEIDEN
IST EINE EHRE"

Lebensbild des seligen Paters Jakob Gapp
(26. Juli 1897 bis 13. August 1943)

1. Vom Kind zum Mann (1897–1920)

Es war eine Zeit des Umbruchs und der Veränderung, in der Jakob Gapp am 26. Juli 1897 zur Welt kam. Liest man die Zeitungsartikel von seinem Geburtstag, bekommt man schnell ein Gefühl dafür, was die Welt im Äußeren und die Menschen im Inneren bewegt hat und welche Themen damals Schlagzeilen machten: die allgemeine Notlage der Bauern in Österreich, die abenteuerliche Polarexpedition des schwedischen Ingenieurs Salomon August Andrée (1854–1897) mithilfe eines Wasserstoffballons zum Nordpol, das minutenlange Erdbeben in der indischen Region Assam, die Berichte von der Pest in Dschidda und den Unruhen auf den Philippinen als auch die ebenso wüsten wie handgreiflichen Auseinandersetzungen zwischen den christlich-sozialen und den sozialdemokratischen Parteigängern während ihrer jeweiligen Kundgebungen.[3]

Ja, der Geist der Neuerung ging an der Schwelle zum 20. Jahrhundert um und griff, wie Papst Leo XIII. (eigentlich: Vincenzo Pecci, 1810–1903) es in seiner wegweisenden Sozialenzyklika „Rerum Novarum" vom 15. Mai 1891 nannte, in alle Bereiche des Zusammenlebens ein: „Die Industrie hat durch die Vervollkommnung der technischen Hilfsmittel und eine neue Produktionsweise mächtigen Aufschwung genommen; das gegenseitige Verhältnis der besitzenden Klasse und der Arbeiter hat sich wesentlich umgestaltet; das Kapital ist in den Händen einer geringen Zahl angehäuft, während die große Menge verarmt; es wächst in den Arbeitern das Selbstbewusstsein, ihre Organisation erstarkt; dazu gesellt sich der Niedergang der Sitten. Dieses alles hat den sozialen Konflikt wachgerufen, vor welchem wir stehen. [...] Die

Arbeiterfrage ist geradezu in den Vordergrund der ganzen Zeitbewegung getreten. [...] Die ganze Frage ist ohne Zweifel schwierig und voller Gefahren; schwierig, weil Recht und Pflicht im gegenseitigen Verhältnis von Reichen und Besitzlosen, von denen, welche die Arbeitsmittel, und denen, welche die Arbeit liefern, abzumessen in der Tat keine geringe Aufgabe ist; und voller Gefahren, weil eine wählerische Partei nur allzu geschickt das Urteil irreführt und Aufregung und Empörungsgeist unter den unzufriedenen Massen verbreitet. [...] Indessen, es liegt nun einmal zutage, und es wird von allen Seiten anerkannt, dass geholfen werden muss, und zwar, dass baldige ernste Hilfe nottut, weil Unzählige ein wahrhaft gedrücktes und unwürdiges Dasein führen."[4]

Vieles aus diesen Zeilen, welche eine ebenso beherzte wie nachdenkliche Zustandsbeschreibung der globalen, gesellschaftlichen, wirtschaftlichen und politischen Verhältnisse und ihrer Herausforderungen bzw. Aufgaben von den 1880er- bis zu den 1930er-Jahren ist, trifft unmittelbar auf das kurze Leben – sein grundlegendes Denken, Fühlen und Handeln – von Jakob Gapp zu: „Ich bin durch und durch sozial eingestellt. Manche Herren sagen mir gern, ich sei extrem in dieser Beziehung. Es kann ja sein; ich glaube jedoch, dass man nach der Richtung hin nicht leicht extrem sein kann. Ich könnte ja genau so gut von anderen sagen, sie seien extrem nach der entgegengesetzten Seite. Ich kann mich mit den konventionellen Gepflogenheiten, Ansehenhascherei, mit Speichelleckerei nach oben hin einfach nicht befreunden. Es macht oft den Eindruck, als ob es in erster Linie darauf ankäme, bei geistlichen und weltlichen Großen gut zu stehen. [...] Ich bin nach einer anderen, entgegengesetzten Richtung orientiert. Aus diesem Gegensatz heraus stellt sich bei mir oft Widerwillen gegen meine jetzige Stellung und Umwelt ein. Außerdem hatte ich immer schon den Wunsch, in die Arbeiterseelsorge zu kommen."[5]

Diese Vehemenz in seinen Überzeugungen und im Einsatz dafür zeichnete Jakob Gapp maßgeblich aus und machte es ihm und seinen Mitmenschen nicht immer leicht, zusammenzuleben: „Er ist natürlich ungezwungen und kann sich nicht beherrschen und zurückhalten und seine Worte mäßigen. Er ist mehr Idealist als Realist und stößt sich manchmal an Dingen und Menschen."[6]

Nicht selten wurde sein sanguinischer Charakter dabei auf seine Tiroler Herkunft zurückgeführt und mit Adjektiven wie schroff, ungeschickt oder nervös beschrieben, während andererseits anerkannt wurde, dass er eine aufgeweckte Intelligenz, sehr viel guten Willen als auch die Bereitschaft besaß, gegen seine Fehler und Charakterschwächen anzukämpfen.[7]

Kurz und gut: Jakob Gapp war ein Mensch mit Prinzipien, die er aus seinen Erfahrungen und Studien abgeleitet und in der Auseinandersetzung mit anderen – Gleichgesinnten wie Gegnern – entweder korrigiert oder verstärkt hat, wobei es ihm nicht auf seine persönlichen Vorteile, seine Karriere, sein Ansehen, sein Auskommen oder gar sein Leben ankam, sondern auf das Erkennen der ersten und einzigen Wahrheit: „Nicht auf sich schauen, sondern auf Christus und die Seelen."[8]

***

Die Ausgangslage für den jungen Jakob Gapp war denkbar schlecht: Als Arbeiterfamilie gehörte er mit seinen Eltern und Geschwistern[9] zur armen Bevölkerungsgruppe, dem sogenannten Industrieproletariat, dessen Aussicht auf Verbesserung oder sozialen Aufstieg faktisch nicht bestand.

Obwohl sein Vater, Martin Gapp (1853–1918), eine Fabrikanstellung in Wattens innehatte[10], konnte sich die mehrköpfige Familie nur das Allernotwendigste leisten, und manchmal nicht einmal das: „Zum Bespiel standen nur drei Paar Schuhe für fünf Kinder zur Verfügung."[11]

Dennoch schien das Verhältnis untereinander größtenteils und zeitlebens zu stimmen, denn trotz der zahlreichen Entbehrungen, der harten, körperlichen Arbeit[12] und der drohenden Perspektivenlosigkeit hing Jakob Gapp ebenso an seiner großen Verwandtschaft wie an seiner Heimat, was vor allem und in beeindruckender Weise seine späteren Briefe und Postkarten aus dem Ausland offenkundig machen: „Der Tiroler hängt mit besonderer Liebe an seiner Heimat. Es ist unter den besten Umständen schwer, im Ausland zu sein. […] Nun hat mich das Heimweh auch hier gepackt mit aller Gewalt. Es ist ein Elend. Man kann es nicht vermeiden."[13]

Allgemein wissen wir allerdings nur weniges bzw. in der Hauptsache nur Bruchstückhaftes über die ersten Lebensjahre von Jakob Gapp. Verbrieft sind allenfalls seine Geburt, am 26. Juli 1897, im Haus Taxer an der Werkbachgasse in Wattens; seine Taufe am darauffolgenden Tag in der ehemaligen Pfarrkirche zum heiligen Laurentius durch Pfarrer Josef Fuchs (1848–1908)[14], sein Besuch der hiesigen Volksschule[15] in den Jahren 1904 bis 1910 und sein Empfang der heiligen Firmung, am 3. Juni 1908, durch Fürstbischof Josef Altenweisel (1851–1912) in Innsbruck.

Bereits weitgehend unbekannt bzw. unsicher sind hingegen das Datum seiner Erstkommunion durch Pfarrer Josef Schileo (1866–1949)[16], seine schulischen Leistungen oder Zeugnisse, seine kindliche Beschäftigung im Alltag sowie sein freundschaftliches Umfeld, welches in einer dörflich geprägten Arbeitergemeinde wie Wattens, die zur Jahrhundertwende gerade einmal 744 Einwohner in 108 Wohnhäusern zählte, zweifelsfrei bestanden haben muss.[17]

Ebenso spekulativ, wenngleich gut gegründet und daher wahrscheinlich sind die Umstände, unter welchen Jakob Gapp im Spätsommer 1910 an das Gymnasium der Franziskaner nach Hall in Tirol wechselte; die hohen Kosten für die mehrjährige schulische Ausbildung und Unterbringung hätten seine Eltern unmöglich selbst tragen können. So ist es naheliegend und durchaus denkbar, dass entweder Pfarrer Josef Schileo, der sich im Besonderen, etwa durch den Bau und die Förderung einer örtlichen Betreuungsstätte, um das Wohl der Arbeiterkinder in Wattens sorgte, auf den jungen Jakob Gapp aufmerksam wurde und ihn bei seinen Studien unterstützen wollte, oder dass die Franziskanerpatres selbst, während ihrer vom 29. November bis 8. Dezember 1908 stattfinden-den Volksmission in Wattens auf den elfjährigen Schüler, dessen Familie zu den treuen Kirchgängern zählte, hinge-wiesen wurden, und der von sich selbst sagte: „Schon in meiner zartesten Jugend war es mein Traum, Priester zu werden.“[18]

Wie dem auch war, fest steht, dass Jakob Gapp nach Abschluss der Volksschule ins franziskanisch geführte Gymnasium und Internat nach Hall in Tirol kam[19], wohin ihn mit Sicherheit nicht nur die guten Wünsche seiner ganzen Familie begleiteten, sondern woran sich wahrscheinlich auch die Hoffnung seiner Eltern knüpfte, dass es für einen von ihnen, trotz aller Schwierigkeiten, aufwärts ging.

Ausdruck dieser Zuversicht ist eine Schwarzweißfotografie aus dem Jahre 1910, auf welcher der junge Gymnasiast mit kurz geschorenen Haaren zwischen seinem Vater und seiner Mutter steht und etwas verloren aussieht, während Martin und Antonia Gapp (1858–1933) sich aufgeklärt und ernst geben, als wollten sie dadurch sagen: „Wir haben allen Grund, stolz auf ihn zu sein. Und erwarten viel."

Aber Jakob Gapp hatte es nicht leicht; er war um ganze drei Jahre älter als seine Klassenkameraden, die anders als er nach nur vier Jahren in der Volksschule ans Gymnasium gewechselt waren, und fiel zusätzlich durch seine weit vorstehenden, oberen Schneidezähne und ein leichtes Schielen auf, worauf sich oft Spott und Häme seiner Mitschüler richteten: „Er war ein harmloser Junge, der nicht selten als Aufziehobjekt dienen musste."[20]

Insgesamt betrachtet, war Jakob Gapp ein guter, aber kein außergewöhnlicher Schüler, eher durchschnittlich, wenngleich sprachlich begabt.[21] Seine Zeugnisse von damals weisen ihn von der ersten bis zur vierten Klasse als „geeignet" aus. Dann kommt jedoch der Einbruch, für den es keine ersichtlichen Gründe oder Erklärungen gibt, außer, dass der inzwischen Achtzehnjährige vielleicht seine Sturm-und-Drang-Phase erlebte und anderes im Kopf hatte als fleißiges Rund-um-die-Uhr-Studieren. Jedenfalls erreichte er am Ende des Schuljahres 1914/15 nicht das notwendige Klassenziel und hätte die fünfte Stufe wiederholen müssen[22], wenn er sich nicht kurzum dazu entschieden hätte, es seinem älteren Bruder Franz Gapp (1890–1953) gleichzutun[23] und als Freiwilliger in den Ersten Weltkrieg zu ziehen, der als blutige Reaktion auf das Attentat von Sarajevo im Sommer 1914 ausgebrochen war.

Jakob Gapp mit seinen Eltern Martin und Antonia (1910)

In Tirol herrschte damals eine regelrechte Kriegsbegeisterung, die sich in den gesellschaftlichen und bildungsbürgerlichen Eliten durch eine geistige Mobilisierung im Sinne der Propaganda und der ideologischen Hochrüstung sowie einer heute nicht mehr nachvollziehbaren patriotischen Opferbereitschaft in der Gesamtbevölkerung zeigte, an deren kathartischem Ende im November 1918 rund fünfzehn Millionen Tote zu beklagen bzw. zu verantworten waren: „Es war ein Heldenkrieg, heroisch verklärt. Jung und Alt standen Schulter an Schulter und verteidigten die bedrohte Heimat, vor allem, nachdem Erb- und Erzfeind Italien [im Mai 1915] in den Krieg eingetreten war. Diesem Gegner fühlte man sich moralisch, politisch und militärisch ohnehin überlegen. Viele glaubten denn auch, letztlich im Felde unbesiegt geblieben zu sein, woraus dann so mancher Mythos entstand, etwa der von den Tiroler Standschützen", ohne dabei wahrheitsgetreu zu erwähnen, dass diese „in den Kämpfen schlicht und einfach verheizt wurden" und, wenn nicht an der Front fielen, ihr restliches Leben an den schrecklichen Kriegserfahrungen und den eigenen, nicht verarbeiteten Schuldgefühlen litten.[24]

Jakob Gapp, der sich am 24. Mai 1915, also nur einen Tag nach der Kriegserklärung Italiens an Österreich-Ungarn, freiwillig zum Dienst „unter kaiserlichen Fahnen"[25] gemeldet hatte und nach nur wenigen Wochen der Ausbildung an der Waffe, am 20. Juni 1915, als Unterjäger des Standschützenbataillons Innsbruck II an die Südfront in den Krieg geschickt wurde[26], muss als Person und Charakter als auch mit seinem ganzen Denken, Fühlen und Handeln bzw. seinem unsteten Leben und aufrechten Sterben vor diesem gewalttätigen Hintergrund seines jungen Erwachsenendaseins betrachtet, befragt und auch verstanden werden. Vielleicht wäre sogar die Hypothese einer nicht diagnostizierten und gleichfalls nicht therapierten Posttraumatischen Belastungsstörung (PTBS) eingehender zu verfolgen und sollte im Folgenden, da sie an dieser Stelle weder bestätigt noch widerlegt werden kann, als tragfähige Annahme im Hinterkopf behalten werden, um gewisse Aussagen und Andeutungen besser einordnen zu können: „[…] gerade in der für mich seelisch kritischsten Periode […] schlugen seit Langem das erste Mal wieder ernste Worte an mein Gewissen, von Verantwortung für die Lebensführung, von Ewigkeit und Seelenwert."[27]

Andererseits gibt es zahlreiche Beispiele sogenannter „Soldatenheiliger", die gerade durch ihre beängstigenden und teilweise selbstzerstörerischen Erlebnisse im Krieg an Herz und Seele geläutert und aufgerichtet wurden und nach einer Zeit der Einkehr und Buße in die restlebenslange Nachfolge Christi traten, wie zum Beispiel Franz von Assisi (1181–1226) oder Ignatius von Loyola (1491–1556), die beide ähnlich Schreckliches während ihrer Epochen erlebt haben und ihrerseits zu demselben Schluss kamen wie Jakob Gapp mehrere Jahrhunderte später: „Ich könnte nicht garantieren für mein Leben, wenn ich nicht gläubig wäre."[28]

Am 4. April 1916 wurde Jakob Gapp bei einem Gefecht in den Dolomiten verwundet und dafür, vier Monate später, mit der Silbernen Tapferkeitsmedaille zweiter Klasse ausgezeichnet.[29] Das Kriegsende erlebte er, zurück an der Front, in Italien, wo er bei Riva (Trentino) in italienische Kriegsgefangenschaft geriet, aus welcher er erst nach zehn Monaten in die Heimat zurückkehren durfte. Hier schloss er am 21. Mai 1920 das Gymnasium der Franziskaner in Hall als „Kriegsmaturant" ab, konnte sich im

Anschluss jedoch nicht recht entscheiden, wie es mit ihm weitergehen sollte, da ihm einerseits das Geld zum Studieren fehlte, andererseits sein Lebenssinn durch Krieg und Gefangenschaft infrage bzw. auf den Kopf gestellt wurde: „Es kam eine Zeit der Gottentfremdung, weil die Religion nicht auf der Überzeugung beruhte."[30] Anders gesagt: Jakob Gapp hatte durch die selbst begangenen und selbst erlittenen Gräuel während der Kriegsjahre seinen festen (Kindheits-)Glauben verloren und hatte „vom Militärdienst sozialistische Ideen mitgebracht"[31], welchen er nun verstärkt und dem Zeitgeist der 1920er-Jahre[32] entsprechend anhing: „Ich weiß noch ganz genau, dass Jakob Gapp eigentlich als Atheist vom Krieg aus Italien zurückkam. Er kam als Sozialist vom Krieg zurück. Ich glaube, dass Jakob Gapp erst nach und nach, durch das Studium, Gott näherkam."[33]

Bevor es allerdings so weit war, musste er sich einen Plan zurechtlegen: Was wollte er in Zukunft tun? Er hatte weder einen Beruf erlernt noch ein ausreichend großes Vermögen[34], um mit einem Studium anzufangen; sein Vater war 1918 verstorben, was die Lebenssituation der Familie zudem noch erschwert hatte. Und dennoch wollte Jakob Gapp seinen Verwandten, auf deren Bauernhöfen und Feldern ringsum er übergangsweise wohnte und arbeitete, nicht mehr auf der Tasche liegen, sondern sich als nützlich und brauchbar erweisen.

Aus der Not wollte er also eine Tugend machen und fand einen Weg. Das heißt, „durch einen meiner Bekannten wurde ich der Gesellschaft Mariä zugeführt"[35], wo er unter Vorgabe, dem Orden beitreten zu wollen, hätte studieren und anschießend wieder austreten können: „Rein von Eigennutz und weltlichen Rücksichten waren die Beweggründe des Eintrittes nicht."[36]

Jakob Gapp (1. v. li.) mit Silberner Tapferkeitsmedaille, Dolomitenfront (1916)

Gesagt, getan: Als ersten Schritt ging Jakob Gapp zum Pfarrer von Wattens, Alois Gfall (1874–1962)[37], und erbat von ihm ein Sittenzeugnis, welches er auch erhielt. – Das mag im Ersten zwar verwunderlich sein, lässt sich aber durchaus erklären. Denn obwohl Jakob Gapp sich damals selbst als „weit vom Himmel entfernt"[38] ansah und ihn „schwere Versuchungen bestürmten"[39], musste der menschenfreundliche und offenherzige Ortshirte, welcher als Arbeiterseelsorger gewirkt hatte und daher mit der Arbeiterfrage vertraut gewesen sein muss, und der allerorts als aufmerksamer Zuhörer, Berater und Wohltäter bekannt gewesen ist[40], etwas in dem jungen Sozialisten, der Priester werden wollte[41], gesehen haben. Also schrieb er in ausgewogener Überzeugung, aber mit umso größerer Hoffnung: „Da Jakob Gapp durch ehrlich offenen Charakter, durch sein gerades Wesen und eine sittliche Lebensführung sich immer ausgezeichnet hat, ist der Gefertigte gerne geneigt, an seinen Kloster-Beruf zu glauben."[42]

2. Ein Tiroler Dickschädel (1920–1930)

Als Jakob Gapp im Sommer 1920 um seine Aufnahme in die Gesellschaft Mariä bat, waren die Marianisten seit dreiundsechzig Jahren in Österreich tätig. Vierzig Jahre davor, 1817, war der Schulorden in Bordeaux als eine verzögerte Reaktion auf die Französische Revolution (1789–1799) und ihre nachteiligen Folgen für Kirche und Glaube vom seligen Wilhelm Joseph Chaminade (1761–1850) gegründet worden und fand seine Aufgabe in der christlichen Erziehungsarbeit: „Wir müssen versuchen, die heranwachsende Jugend für Gott zu gewinnen."[43] – Das mag Jakob Gapp in zweifacher Hinsicht angesprochen haben: Zum einen war er selbst noch ein relativ junger Mann, der nach Orientierung und Sinn in seinem Leben suchte; zum anderen muss er die Anlage zum Lehrer und Jugendseelsorger bereits in sich gespürt haben, wenn man den Beurteilungen durch seinen Novizenmeister, Hippolyt Hamm (1860–1924), und den damaligen Provinzial von Österreich, Rudolf Nagel (1867–1938)[44], vertrauen darf: „[Jakob Gapp] scheint entschlossen zu sein, ein guter Marienbruder zu werden. [Er] hat den Wunsch, Priester zu werden. Der Wunsch ist zu ermutigen, vor allem, da die übrigen Qualitäten diese priesterliche Berufung zu begünstigen scheinen."[45]

Und dennoch kam es im Laufe der kommenden dreiundzwanzig Jahre zu einigen Schwierigkeiten zwischen der Gesellschaft Mariä und ihrem Tiroler Schützling, der sich einmal mehr, einmal weniger den Marianisten verbunden fühlte, weswegen vieles – auch seine Ordenszugehörigkeit –, über seinen heldenhaften Tod hinaus, für lange Zeit im Unklaren blieb: „Es ist eigenartig, dass Jakob Gapp, einer der einfachsten und geradesten Männer unserer Provinz, in einem so zwiespältigen Licht vor uns steht. Scharf formuliert könnte man fragen: Sollen wir uns seiner rühmen, oder müssen wir uns seiner schämen? Weit über sein persönliches tragisches Schicksal hinaus, das unser Herz tief bewegt, ist Gapps Leben und Sterben auch eine Aussage über die Spannung, die zwischen dem Einzelmenschen und seiner Ordensgemeinschaft entstehen kann. Jesus redet von Schlangenklugheit und Taubeneinfalt, das wäre das Ideal. Herr Gapp war zu sehr Taube, zu wenig Schlange; deshalb zerrissen ihn die Wölfe."[46]

***

Nachdem sich Jakob Gapp in Freistadt bei Provinzial Rudolf Nagel vorgestellt hatte, wurde er als Postulant (= Kandidat) auf den Greisinghof in Tragwein bei Pregarten geschickt; dort befand das Noviziat der Ordensprovinz: „Am 13. August 1920 habe ich mein Noviziatsjahr, das schönste meines Lebens begonnen. [...] Guter Wille beseelte mich und Gott öffnete mein Herz weit. [...] Andere Ideale, andere Anschauungen verdrängten die alten; den Winter 1920/21 werde ich nie mehr vergessen. Es gingen mir die Augen der Seele weit auf, und [sie] sahen Natur und Übernatur nach ihrem wirklichen Werte. [...] Durch Betrachtung und unter der weisen Führung meines hochgeschätzten Novizenmeisters gelangte ich glücklich durch alle Klippen zur ersten Profess, die für mich den ersten wertvollen Akt in meinem Leben [bildete]."[47] – Das klingt einigermaßen überraschend, angesichts der ursprünglichen Absicht, bzw. der Hintergedanken, mit welchen Jakob Gapp in die Gesellschaft Mariä eingetreten war. Es stellt sich also die Frage, was inzwischen geschehen war, dass aus dem eigennützigen Versuch, sich ein Studium zu erschleichen, eine echte Berufung zum Priestertum wurde.

Jakob Gapp selbst erklärte seinen Wandel, zusammenfassend, folgendermaßen: „In meiner reiferen Jugend, bis zum Sommer 1920 [hatte ich] keine (eigentlichen) religiösen Grundsätze. Den Pflichten, die ich bis dorthin Gott und der katholischen Kirche gegenüber erfüllte, kam ich nur traditionsgemäß nach, nicht aus Überzeugung. Anfang September 1920, nach meinem Eintritt in die Gesellschaft Mariä, machte ich in einem Haus dieser Gesellschaft [= Greisinghof] Exerzitien mit. Ich brachte keine anderen Voraussetzungen mit als meinen guten Willen, die Vorträge mit Ernst anzuhören. Auf meine wiederholte Klage, es werde zu viel gebetet, antwortete mir ein alter Geistlicher mit Ruhe, dass er es wohl verständlich fühle, wie einem ehemaligen Soldaten das viele Beten ungewohnt sei, aber ich möge nur guten Willen haben; ich würde mich schon einfinden. An diesem guten Willen wollte ich es nicht fehlen lassen, und Gott belohnte mich, indem er in meine Seele tiefe Reue über meine begangenen Sünden sowie andere religiöse Gefühle und Überzeugungen betreffs des katholischen Glaubens senkte."[48] – Wie darf man das verstehen; auf welche Sünden, Gefühle und Überzeugungen, die er im Laufe seiner Ordensausbildung des Jahres 1920/21 sowie in den darauffolgenden Jahren abgelegt hat – während er sich immer mehr im katholischen Geiste festigte[49] –, spielte Jakob Gapp darin an?

Wahrscheinlich sind es die Erlebnisse im Krieg und seine anfangs daraus resultierende Distanz zu Glaube und Kirche bzw. seine Nähe zur sozialistischen Idee, welche Jakob Gapp später selbst hinterfragen und in gewissen politischen Ausformungen ablehnen wird. Hinweise zu seiner damaligen Verfasstheit, um nicht zu sagen, Verwirrtheit, was seine Aussichten und die persönliche Zukunft betraf, bietet rückblickend der Text auf seinem Primizbildchen[50]: (Hl. Monika, Mutter des hl. Augustinus) „Ehe ich in das dunkle Grab hinabsteige, verlangte ich, dich noch als Christ zu sehen, aber über meine Hoffnung hat mir Gott dieses gewährt." (Hl. Augustinus, Bischof und Kirchenlehrer) „Teure Mutter, nie werde ich deine kummervolle Liebe, dein ängstliches Sorgen um mich vergessen und dein immerwährendes Streben, mich zu Gott zu führen." – Dieser kurze Dialog gibt dabei nicht nur Aufschluss über Jakob Gapps Ringen in den unmittelbaren Nachkriegsjahren, sondern gestattet auch einen tieferen Einblick in die Beziehung zu seiner Mutter, zu der er, bis zu ihrem Tod 1933, in enger Verbindung stand.[51]

Entscheidend bleibt in jedem Fall, dass auch bei Jakob Gapp Gott auf krummen Linien gerade schrieb und daher dessen Berufung zum Priester sich über Umwege und entgegen allen Zauderns und Andersdenkens letztendlich Gehör verschaffen konnte: „Mein Entschluss, das heißt, mein Trachten diesbezüglich geht in die Novizenzeit zurück. [...] Das Noviziat war dazu geeignet, mir den Willen Gottes klarzumachen."[52] Und so legte er am 27. September 1921 seine zeitlichen Ordensgelübde ab, indem er feierlich die Formel sprach: „Zur Verherrlichung der allerheiligsten Dreifaltigkeit, zur Ehre Mariens und zum Heil meiner Seele verspreche ich, Jakob Gapp, und gelobe, während eines Jahres die Armut, die Keuschheit und den Gehorsam, der Regel der Gesellschaft Mariä gemäß, zu halten."[53]

Im Anschluss wurde Jakob Gapp an das Marieninstitut in Graz[54] versetzt; hier sollte er sich als Präfekt, der sowohl über die Studier- als auch die Freizeit der Zöglinge wachte, auszeichnen und gleichzeitig seine Matura in Latein nachholen sowie sich in Philosophie weiterbilden. Die Beurteilungen aus diesen Jahren zeugen einerseits von seinem „tirolerischen Dickschädel", wenn u. a. bemerkt wird, dass er weiterhin „mit der Welt etwas schroff" ist, andererseits weisen sie ihn als „leutselig" und „ausgezeichneten Mitbruder" bzw. Erzieher aus, wie Provinzial Rudolf Nagel nach seiner Visitation, vom 23. bis 29. März 1924, unmissverständlich festhält: „[Herr] Gapp arbeitet gut an sich hinsichtlich der Charakterbildung und des Ordenslebens. Eine große Klasse, wo er ziemlich gute Erfolge hat. Im religiösen Bereich [...] hat er viel gewonnen. Kandidat für das Priestertum, bittet um die ewigen Gelübde und um die Aufnahme ins Seminar. Ausgezeichnet guter Wille, ein guter Priester zu werden."[55]

Trotz dieser hervorragenden Einschätzung wird das erste Gesuch von Jakob Gapp, 1924, in dem er „demütig und in ergebenem Gehorsam um die endgültige Aufnahme in die Gesellschaft [Mariä], der ich das Leben meiner Seele zu verdanken habe"[56], bittet, abgelehnt. – Man wollte wohl seitens des Generalats vorsichtig sein und besser noch einmal nachprüfen, ob die „sozialistischen Dummheiten" in der Zwischenzeit tatsächlich abgeklungen waren, und „der Bruder diese Gunst verdient durch die Gesamtheit jener Gesinnung und Eigenschaften, die sich in jedem vom Geist seines Standes beseelten Mitglied der Gesellschaft [Mariä] vorfinden müssen".[57]

Hingegen wurde das zweite Gesuch vom 19. März 1925 angenommen ...

„Mein brennendes Verlangen, mich vollkommen und für immer dem Dienst unserer himmlischen Mutter zu weihen, ist noch größer geworden. Vor fast fünf Jahren habe ich unsere

geliebte Gesellschaft kennengelernt. Sie hat mir das Glück des Ordenslebens gebracht, das Glück, in der Liebe Gottes zufrieden zu leben. Sie hat mich vor dem Abgrund bewahrt, der aus den nicht bekämpften Leidenschaften besteht. Wenn man so weit vom Himmel entfernt war, dann schätzt man umso mehr die Gnade zu wissen, dass man den Willen Gottes tut und im Schatten seines Heiligtums weilen darf.

Manchmal erfasste mich infolge der Schwierigkeiten bei meiner Arbeit Entmutigung. Aber wenn ich dann an das Glück denke, in besonderer Weise ein Kind der himmlischen Mutter zu sein und die Leiden unseres Herrn für uns alle betrachte, dann nehme ich das Kreuz des Erzieherdaseins wieder mit Mut und Vertrauen auf Gott wieder auf mich.

Ich bitte Sie, Guter Vater [= Ernest Joseph Sorret, 1866– 1933][58], *meinen Wunsch zu erfüllen, d. h. mir die Gnade zu gewähren, für immer in der Gefolgschaft unserer Mutter zu sein.*"[59]

… und Jakob Gapp nach Frankreich geschickt, wo er zuerst in Antony bei Paris große Exerzitien machte und im Anschluss, am 27. August 1925, die ewigen Gelübde ablegte[60], um hierauf ins internationale Priesterseminar der Gesellschaft Mariä und zum Theologiestudium nach Fribourg in der Schweiz zu gehen: „Ich sagte mir, trotz meiner Überzeugungen, die ich besaß, dass ich im Laufe dieser Studienjahre nur das annehmen werde, was mir einleuchtet. Von einem oberflächlichen und aufgezwungenen Glauben an die Dogmen der katholischen Kirche darf keine Rede sein. Ich werde nur dann mit voller Überzeugung anderen von meinem Glauben reden können, wenn er zuerst ganz innerlich mein Eigentum geworden ist. […] Ich habe meine Seminarzeit vom Jahre 1925 bis 1930 sehr gut genützt, habe mit Freimut meinen geistlichen Vorgesetzten gegenüber Lehren zurückgewiesen, die mir als nicht genug begründet oder sonst wie als übertrieben oder gefühlsduselig erschienen. Ich galt als ‚enfant terrible‘ des Seminarrektors [= Émile Neubert, 1878–1967].“[61] – Was vordergründig wie eine Kampfansage klingt, ist bei genauerer Betrachtung das glänzende Ergebnis eines langen Ringens, Lernens und Reflektierens über das eigene Leben; soll heißen: Jakob Gapp hat sich, seit seinem Eintritt in die Gesellschaft Mariä, mit seiner Vergangenheit und den verschiedenen Stationen seines Lebens – Herkunft, Weltkrieg, Gefangenschaft, Sozialismus – eingehend auseinandergesetzt und hat daraus seine Schlüsse und Lehren gezogen. Fortan wollte er nicht mehr zu diesem und jenem verführt oder überredet werden, sondern durch fleißiges Studium, Nachdenken und Differenzieren zu einer allgemein gültigen Überzeugung gelangen, die nicht vom Weltgeschehen und Zeitgeist abhängig ist, sondern über den Dingen, Interessen und Moden steht: „Gewiss haben mich die theologischen Studien, die ich während und nach der Seminarzeit gemacht habe, immer mehr mit Begeisterung für Christus und die katholische Kirche erfüllt. Ich war aber nicht einseitig, sondern stets beflissen, auch akatholische und antikatholische Werke zu studieren, besonders in Geschichte. Ich habe mich jedoch gerade aus dem Studium solcher Werke mehr und mehr zu der Überzeugung der Richtigkeit des katholischen Glaubens durchgerungen.“[62]

Dass solches Verhalten und Reden oftmals Widerspruch und Gegnerschaft erregten sowie zu Streitigkeiten – auch innerhalb der Ordensgemeinschaft[63] – führten, liegt auf der Hand, ist doch die Wahrheit in dieser Radikalität nicht immer und allerorts willkommen und wird nicht von jedermann gerne gehört.[64] Vor allem in den Jahren des Nationalsozialismus sollte diese klare Haltung zum Problem für Jakob Gapp werden.

Viereinhalb Jahre nach Beginn seines Studiums als Seminarist empfing Jakob Gapp, gemeinsam mit acht Mitbrüdern[65], am 5. April 1930, in der Kathedrale Sankt Nikolaus zu Fribourg in der Schweiz, die heilige Priesterweihe durch Bischof Marius Besson (1876–1945). Sein erstes Messopfer feierte der inzwischen fast dreiunddreißigjährige Neupriester in der Kapelle der Villa Saint-Jean am darauffolgenden Tag. Das Datum seiner Heimatprimiz war der 20. Juli 1930, worüber die Pfarrchronik von Wattens anschaulich berichtet: „Beim Fluckinger-Wohnhaus stand ein Triumphbogen; dort wurde [Pater Jakob Gapp] gegen Zunachten von der Geistlichkeit, der Gemeinde, den Schützen, der Feuerwehr und der Musik und von viel Volk erwartet, feierlich eingeholt und zur Wohnung der Mutter beim ‚Spiegl' (Lange Gasse 1) begleitet. Am Morgen wurde der Primiziant vom Widum [= Pfarrhaus] im feierlichen Zuge mit Musik zur Kirche [= ehemalige Pfarrkirche zum hl. Laurentius] begleitet. Das Primizmahl war im Saal des Gasthofes Neuwirt. Der junge Konditor Josef Praxmeir jun. überreichte eine prächtige Torte in Form eines Messbuches."[66]

Im Anschluss an die Feierlichkeiten blieb Jakob Gapp noch bis August 1930 in seiner Heimat; hier besuchte er seine Verwandten, spendete den Primizsegen und feierte mit ihnen die Eucharistie[67], bevor er sich nach Freistadt in Oberösterreich begab, wohin ihn Provinzial Franz Josef Jung (1874–1960)[68] ans Marianum[69] berufen hatte.

Jakob Gapp (1930)

3. Der Haudegen Gottes (1930–1938)

Zeitgleich konnte die Nationalsozialistische Deutsche Arbeiterpartei (NSDAP) in Berlin einen unerwarteten Wahlsieg verbuchen; mit über achtzehn Prozent der landesweit abgegebenen Stimmen wurde sie – hinter den Sozialdemokraten – zur zweitstärksten Kraft und verneunfachte somit die Zahl ihrer Mandate im Reichstag auf 107. Dadurch stand dem Aufstieg des Führers Adolf Hitler (1889–1945) und seiner skrupellosen Mitstreiter nichts mehr im Wege und die Machtergreifung unmittelbar bevor: „Man täusche sich im Lager der Mitte nicht über unsere Absichten. Die nationalsozialistische Bewegung hat keineswegs den Ehrgeiz, sich vor den bürgerlichen Parteikarren spannen zu lassen. […] Die nationalsozialistische Bewegung will eine Umwälzung des Bestehenden, und sie ist nicht gekommen, um Fallendes zu halten, sondern es noch zu stoßen. […] Es ist gefragt worden: Werden Köpfe rollen? Und unsere Antwort lautet: Jawohl. Sie werden einmal ganz verfassungsmäßig und legal rollen […] Die Abrechnung wird durch einen ganz legalen Staatsgerichtshof erfolgen."[70]

Diese Worte blieben weder ungehört noch unwidersprochen. Überall auf der Welt regte sich ein gewisser Widerstand und wurde die Gefahr, welche von der ruchlosen NS-Ideologie unzweifelhaft ausging, wahrgenommen. Einer der ersten und nachdrücklichsten Mahner damals war Papst Pius XI. (eigentlich: Achille Ratti, 1857–1939), der, bereits am 11. Oktober 1930, in einem Beitrag des „L'Osservatore Romano" klarstellte, dass „die Zugehörigkeit zur nationalsozialistischen Hitlerpartei mit dem katholischen Gewissen unvereinbar [ist]", und diese Überzeugung nochmals und unmissverständlich in seiner

berühmt gewordenen Enzyklika „Mit brennender Sorge",
vom 14. März 1937, wiederholte.[71] In Österreich war es
der Diözesanbischof von Linz, Johannes Maria Gföllner
(1867–1941), der neun Tage vor der Machtübernahme
der NSDAP in Deutschland und fünf Jahre vor dem Anschluss Österreichs ans Großdeutsche Reich in einem Hirtenbrief „Über den wahren und falschen Nationalismus"
vom 21. Januar 1933 nochmals zusammenfassend fest-
hielt: „Es ist unmöglich, gleichzeitig guter Katholik und
wirklicher Nationalsozialist zu sein." – Mit acht Auflagen
und Übersetzungen in mehrere Sprachen binnen weniger Wochen[72] erregte diese moralische Festlegung ebenso
Aufsehen wie Aufmerksamkeit, weit über die oberöster-
reichischen Landesgrenzen hinaus: „Der Nationalsozialismus krankt innerlich an materialistischem Rassenwahn
– an unchristlichem Nationalismus – an nationaler Auf-
fassung der Religion – an bloßem Scheinchristentum: sein
religiöses Programm weisen wir darum zurück. Alle über-
zeugten Katholiken müssen es ablehnen und verurteilen.
[...] Unsere Parole lautet jederzeit: Treu katholisch und
treu zu Rom; nur in dieser römisch-katholischen Treue
sind auch die wahren Interessen unseres deutschen Volkes am besten geborgen. Katholiken, die Romfeinde sind,
sind auch Volksfeinde, ohne es zu wissen und auch zu
wollen; echtes Deutschtum dagegen ist geschichtlich und
ideell mit dem Stuhle Petri verbunden."[73]

Es sind Äußerungen und Bekenntnisse wie diese, welche
Jakob Gapp in den Jahren bis zu seiner Flucht prägen und
in seinem Charakter und Glauben stark werden lassen; so
erklärt er später, während eines Verhöres, gleichermaßen:
„Für mich steht über jedem Vaterland mein katholischer
Glaube. [Ich bin] jederzeit bereit, mein Vaterland aufzugeben, wenn es notwendig ist, um meinem katholischen

Glauben treu zu bleiben. Ich bin der Überzeugung, dass es für einen katholischen Priester geboten ist, im Falle des nationalsozialistischen Deutschlands, dieses aufzugeben, um meinem katholischen Glauben treu zu sein, weil das nationalsozialistische Deutschland dem Katholizismus den Untergang geschworen hat. Ich bin überzeugt, dass zwischen dem Katholizismus und dem nationalsozialistischen Deutschland ein unüberbrückbarer Gegensatz besteht, der einen seiner Kirche treuen Priester in Gegensatz zum [Großdeutschen] Reich zwingt. [Ich bin] ein unversöhnlicher Gegner des Nationalsozialismus."[74]

***

Obwohl Jakob Gapp sich nur ein Jahr am Marianum in Freistadt befand, hinterließ er sowohl bei seinen Schülern als auch bei seinen Mitbrüdern einen tiefen wie bleibenden Eindruck; er ging ganz in seiner Arbeit als Lehrer auf und gab als Spiritual ein authentisches Vorbild für das, was er unterrichtete und predigte. – Man merkte schnell, dass da einer war, der nicht nur redete, sondern auch danach handelte: „Als Spiritual und Beichtvater hat er viel Gutes. Als Professor und Aufseher ist er kein Mann mit starker Hand! Man sagt, dass er den Schülern zu viel hilft, zu sehr für sie Partei ergreift. Als Religiose macht er sich gut und scheint ein gutes Beispiel zu geben. Als Mitbruder ist er leutselig und versteht sich mit jedem."[75]

Gleichzeitig bereitete sich Jakob Gapp auf die Lehrbefähigungsprüfung für Religionslehrer an Mittelschulen vor, die er schriftlich, am 16. Oktober 1931, und mündlich, am 17. Oktober 1931, ablegte und bestand. Damit ausgestattet, wurde er wenig später von Provinzial Franz Josef Jung nach Lanzenkirchen bei Wiener Neustadt geschickt, um dort an der Hauptschule und im Internat der Gesellschaft Mariä seine Begabung zu entfalten. Allerdings hielt die Freude über den ersten Priester, der nach Lanzenkirchen geschickt und als eine starke Persönlichkeit angepriesen wurde, nur kurz an, und so verschlechterte sich die Beziehung zwischen ihm und seinem direkten Umfeld nachweislich, wie der neue Ordensprovinzial, Franz Josef Hohmann (1890–1935)[76], in seinem Visitationsbericht des Frühjahres 1934 festhält: „Ein sehr eifriger Priester; er kann viel Arbeit leisten, aber Lanzenkirchen bietet ihm nicht genug davon. Sein Einfluss auf die Brüder ist durch seine Dispute und durch eine gewisse Rauheit in den Manieren etwas behindert."[77] Zudem leidet das Verhältnis aufgrund verschiedener begründeter Spannungen, die von beiden Seiten als unzumutbar beschrieben wurden; vor allem der Einsatz von Jakob Gapp als Präses des ortsansässigen Burschenvereins und seine Seelsorge bei zwei hiesigen Familien, außerhalb der Schule bzw. des Internats, sorgen für einige Verstimmung: „Kann man ihm das gestatten? […] Es ist doch nicht richtig, kommt mir vor."[78] Wodurch es 1934 schließlich zur Versetzung des unbequemen, weil zu eifrigen und manchmal zu forschen, Mitbruders kam: „[Direktor Ämilian] Hettich [1898–1984] und Jakob Gapp sind ja mit einem Wechsel einverstanden, wenn auch unter gewissen Bedenken. […] Ich [= Franz Josef Hohmann] bitte also um Obedienz."[79] – Und so wechselte Jakob Gapp erneut ans Marieninstitut nach Graz, wo er allerdings eine inzwischen veränderte Situation vorfand, die seinen Tatendrang und Widerspruch wiederum anspornen sollte.

Nachdem, am 19. Juni 1933, die NSDAP in Österreich verboten worden war, kam es im ganzen Land zu terroristischen Anschlägen, einem folgenschweren Putschversuch

– während dem der austrofaschistische Bundeskanzler Engelbert Dollfuß (1892–1934) ums Leben kam – und bürgerkriegsähnlichen Auseinandersetzungen, die zahlreiche Tote und Verletzte forderten und, 1936, zum sogenannten Juliabkommen zwischen Nazideutschland und Bundeskanzler Kurt Schuschnigg (1897–1977) führten, worin u. a. die Frei- bzw. Zulassung der Nationalsozialisten im österreichischen Ständestaat geregelt wurde. – Damit nahm der politische wie gesellschaftliche Einfluss der NSDAP, ihrer Parteigänger und ihrer höchst verderblichen Ideologie wieder zu, was Jakob Gapp mit großem Unmut und rastloser Besorgnis wahrnahm: „Ich machte mich ans Studium der Werke der [NS-]Bewegung. Ich las auch aufmerksam die gegenständlichen Artikel in der ‚Reichspost' sowie andere Zeitungen und Schriften, und versuchte, mir auch sonstwie über die Bewegung Klarheit zu verschaffen. Besonders beim Studium [des Buches ‚Der Mythus des 20. Jahrhunderts' von Alfred Rosenberg (1893–1946)] kam ich zu der Überzeugung, dass der Nationalsozialismus tatsächlich mit dem katholischen Glauben unvereinbar sei. Ich begnügte mich aber nicht allein mit dem Studium dieses Werkes, ich suchte auch sonst mehr und mehr in den Geist der Bewegung einzudringen und wurde allmählich mit Entsetzen erfüllt. So versteht es sich, dass ich ganz im Sinne des Heiligen Stuhles und der deutschen Bischöfe den Nationalsozialismus verwarf und es als meine Pflicht erkannte, aufklärend bei den Katholiken zu wirken."[80]

Im Konkreten wandte sich Jakob Gapp mit seinen Gedanken und Bedenken verstärkt an sein direktes Umfeld, will sagen: an seine Schüler im Marieninstitut und an seine Mitbrüder in der Gesellschaft Mariä. In beiden Gruppen warnte er eindringlich vor den Nationalsozialisten und mahnte zu mehr Abstand zu deren Welt- bzw. Menschenbild, wobei er allerdings, in der aufgeheizten Stimmung jener (Vorkriegs-)Jahre, wenig Verständnis erntete, wie ein verbitterter Brief an seinen langjährigen Vertrauten, Franz Josef Jung, zum Ausdruck bringt: „Sie predigen mir stets mehr Klugheit. [...] Freilich es kommt immer wieder darauf hinaus: ‚Klugheit' ist die Hauptsache, man muss sich ‚anpassen' können [...] Grundsatztreue ist schließlich doch Unsinn, weil sie unpraktisch ist und gefährlich werden kann. [...] Unklug war ich, als ich in Graz im Religionsunterricht die Enzyklika [Mit brennender Sorge] des Heiligen Vaters besprach und den Nationalsozialismus als den Inbegriff der Lügenhaftigkeit und der Rechtlosigkeit anprangerte. Aber ich sage Ihnen: Bevor ich so ‚klug' werde wie gewisse Herren unserer Provinz Österreich und unsere österreichischen Bischöfe, gehe ich lieber zugrunde."[81] – Worauf spielte Jakob Gapp mit dieser (An-)Klage an? Er verwies damit auf zweierlei: Zum einen machte er den Marianisten zum Vorwurf, dass sie sich an die neuen Gegebenheiten, nach dem „Anschluss" Österreichs an Nazideutschland, zu sehr anpassten, indem sie etwa den Hitlergruß im Unterricht einführten, um ihre Ordensschulen vor den drohenden Schließungen zu bewahren.[82] Außerdem nannte er es ein massives Problem, dass die Ordensschulen nach dem System eines gewinnträchtigen Geschäftsunternehmens organisiert waren, wodurch ärmere Gesellschaftsschichten keinen Zugang erhielten, was nach Ansicht von Jakob Gapp nicht nur der Ordensregel – „die Erziehung der jüngsten Kinder, in besonderer Vorliebe für die Armen"[83] – widersprach, sondern den Nationalsozialisten in die Hände spielte, welche ihrerseits vorgaben, eine Antwort auf die Arbeiterfrage sowie die Arbeitslosigkeit und die Armut zu

haben, und somit vor allem dort Zustimmung und Gefolgschaft fanden, wo eigentlich die römisch-katholische
Kirche sein, helfen und eine Lösung anbieten sollte: bei
den Benachteiligten.[84]

Zum anderen erzürnte Jakob Gapp die „Feierliche Erklärung" des österreichischen Episkopates, am 18. März
1938, in welcher die Bischöfe wider besseres Wissen und
trotz der antinationalistischen Bedenken von Papst Pius
XI. in seiner Enzyklika „Mit brennender Sorge" (1937),
geschlossen für den Anschluss Österreichs an Nazideutschland stimmten:

*„Wir erkennen freudig an, dass die nationalsozialistische Be-
wegung auf dem Gebiet des völkischen und wirtschaftlichen
Aufbaues sowie der Sozialpolitik für das Deutsche Reich und
Volk und namentlich für die ärmsten Schichten des Volkes
Hervorragendes geleistet hat und leistet. Wir sind auch der
Überzeugung, dass durch das Wirken der nationalsozialisti-
schen Bewegung die Gefahr des alles zerstörenden gottlosen
Bolschewismus abgewehrt wurde.*

*Die Bischöfe begleiten dieses Wirken für die Zukunft mit
ihren besten Segenswünschen und werden auch die Gläubigen in diesem Sinne ermahnen.*

Am Tage der Volksabstimmung [10. April 1938] *ist es
für uns Bischöfe selbstverständliche nationale Pflicht, uns als
Deutsche zum Deutschen Reich zu bekennen, und wir erwarten auch von allen gläubigen Christen, dass sie wissen,
was sie ihrem Volke schuldig sind."*[85]

Jakob Gapp wusste es; aber seiner Überzeugung nach war
es nicht das Bekenntnis zum Nationalsozialismus, das er
dem Deutschen Reich schuldete, sondern es war das Bekenntnis zum katholischen Glauben, welches er vor Gott

und der ganzen Welt ablegen wollte: „Ich hätte mich ja nach der Einverleibung Österreichs in das [Deutsche] Reich mit einer rein innerlichen Ablehnung des Nationalsozialismus zufrieden geben können, so wie es viele Priester taten, aber ich sagte mir, dass es meine Pflicht wäre, als Priester der katholischen Kirche, die Wahrheit auch zu lehren und den Irrtum zu bekämpfen. […] Das Glaubensgut der katholischen Kirche [kann] nur dann gerettet [werden] und bewahrt bleiben, wenn es Katholiken und besonders katholische Priester gibt, die auch das Letzte einsetzen, um die Sache der Kirche, die ich auch als die Sache Gottes erkannte, zu verteidigen."[86]

Dies zusammengenommen führte letzten Endes zum Zerwürfnis zwischen Jakob Gapp und dem Marieninstitut in Graz, wo, wie im ganzen Deutschen Reich, die nationalsozialistische, systematische Verfolgung von katholischen Laien und Geistlichen begonnen hatte[87], und endete erneut bei einer Versetzung des ebenso Unbequemen wie politisch Bedrohten, im März 1938: „Ich, der Unkluge, der sich für solche Possen nicht hergab, wurde nach Freistadt geschickt, wo man mich nicht wollte, wo man vor meiner Unnachgiebigkeit Angst hatte, wo man im Ganzen wie in Graz sehr klug war. Ich wurde kaltgestellt, und man verbot mir, mit den Scholastikern zu sprechen, wenn sie eine Erklärung über den Nationalsozialismus verlangten. Man lud einen Nazi ersten Ranges ein, den Schülern, Postulanten und Scholastikern eingeschlossen, Vorträge zu halten! Der Direktor der Hauptschule sagte bei einer Konferenz zu allen Lehrern des Hauses, man müsse wohl daran denken, den Schülern die ‚nationalsozialistische Weltanschauung' zu vermitteln, ohne dass der wusste, was das bedeutete. Ich aber hatte immer Unrecht. Man stellte mich in eine Ecke. Und dann verlangt man von mir, ich solle Liebe zur Gesellschaft [Mariä] haben?"[88] – Darin lässt sich eine tiefe Kränkung erkennen, aber auch eine erste Erklärung für die zunehmende Entfremdung finden, welche in den darauffolgenden Jahren zwischen Jakob Gapp und den Marianisten entstehen sollte, und deren möglichen Anfang die Rückkehr von Jakob Gapp nach Tirol, im Juli 1938, markierte: „Da Herr Gapp keine Ruhe gab, habe ich [= Provinzial Adalbert Ehrmann, 1890–1966][89] ihm vorläufig, mit vorweggenommener höherer Zustimmung, die Erlaubnis zu einem mehrwöchigen Aufenthalt in der Heimat gegeben. Vielleicht beruhigt er sich so am besten, wenn er die wirklichen Verhältnisse in der Welt kennenlernt und kommt gern zurück."[90]

Zu dieser Zeit hatte Gauleiter Franz Hofer (1902–1975) das Sagen in Tirol; ein Nationalsozialist aus Überzeugung und ein Kirchenfeind aus Leidenschaft. Unter seiner Herrschaft litt die Apostolische Administratur Innsbruck-Feldkirch unsäglich, und Bischof Paulus Rusch (1903–1986)[91], der auf Konfrontationskurs mit dem NS-Regime gegangen war und als eine Galionsfigur des inzwischen widerständisch gewordenen österreichischen Episkopates galt, war sein verhasster Reibebaum, an den er die Axt zwar nicht legen durfte, aber dessen Klerus er dafür umso härter anfasste: „Dazu muss immerhin bemerkt werden, dass in der Zeit von 1938 bis 1945 in unserer Diözese im ganzen genau einhundertzehn Priester verhaftet wurden. Die Gründe waren Predigt und Jugendseelsorge. Einige kamen ins Konzentrationslager [...]"[92], einige ins Gefängnis und einige unter das Fallbeil. Unter anderen der Märtyrerpfarrer Otto Neururer (1882–1940), der zusammen mit Jakob Gapp, 1996, seliggesprochen wurde, und über den Bischof Manfred Scheuer schrieb: „[Sein] Martyrium ist Konsequenz des Glaubens in einer Situation der Verblendung. Es ist Ausdruck der Liebe unter den Bedingungen der Lieblosigkeit und der Vergiftung."[93]

In eine solche vergiftete Situation begab sich Jakob Gapp, als er am 1. Juli 1938 nach Wattens zurückkehrte, wo Pfarrer Franz Zoller (1881–1953)[94] tapfer die Stellung hielt und seinen eigenen Kampf gegen politische Anfeindungen und soziale Unruhen führte. Und man darf wohl annehmen, dass Jakob Gapp diese schwierige wie lebensbedrohliche Lage in seiner Heimat richtig verstand und einschätzte, wenn er dennoch in der Höhle des Löwen zu bleiben gedachte, und dementsprechend ein Gesuch um Aufnahme in den Diözesanverband der Apostolischen Administratur Innsbruck-Feldkirch stellte; was den zweiten Schritt in der Entfremdung zwischen ihm und der Gesellschaft Mariä darstellte: „Gapp endgültig in den Weltklerus von Tirol übergetreten; hat allerdings noch nicht ausdrücklich um Dispens angesucht."[95] – Tatsächlich blieb weiterhin ungeklärt – oder auch unausgesprochen –, wie Jakob Gapp zum Orden der Marianisten damals und auch später stand; seine wiederholten und einander abwechselnden Distanzierungen bzw. flehentlichen Bitten um erneute Mitgliedschaft gaben bis an sein Lebensende sowohl Zeugnis für seinen komplizierten Charakter als auch für sein ständiges Ringen um Erkenntnis, was seine priesterliche Berufung bzw. sein eigentliches Charisma betraf.

An dieser Stelle sei vorausgeschickt, dass Jakob Gapp die Erfüllung letzten Endes im Martyrium fand, das er, anders als sein von Kämpfen und Unsicherheiten geprägtes Leben, mit großem, innerem Frieden sowie immenser Glaubensstärke und allgemeiner Standfestigkeit an- und auf sich nahm.

Nach etlichen rastlosen Wochen, die Jakob Gapp bei seiner Verwandtschaft in Wattens, Terfens, Vomp und auf anderen Kostplätzen in der Umgebung von Erl verbrachte, wo er sowohl als Seelsorger gewirkt als auch bei der schweren Feldarbeit ausgeholfen hat[96], wurde ihm ab 1. September 1938 ein Posten als Kooperator in der Gemeinde Breitenwang-Reutte überantwortet. Hier traf er auf den Dekan und Pfarrer Alois Mauracher (1884–1960), mit dem er sich gut verstanden haben dürfte, war dieser mit seiner Lebenserfahrung und politischen Einstellung doch nach einem ähnlichen Muster gestrickt wie er: Feldkurat und Divisionspfarrer im Ersten Weltkrieg, sozial engagiert und kritisch gegenüber dem NS-Regime, weshalb er 1942 auch verhaftet und des Gaus Tirol-Vorarlberg verwiesen wurde.[97]

Auf dieser Stelle fühlte sich Jakob Gapp wohl; er wurde von der Ortsbevölkerung akzeptiert, als Prediger geschätzt und als Religionslehrer geachtet.[98] – Dies dürfte mit ein Grund dafür gewesen sein, dass er dem Drängen seines Ordenssuperiors, Franz Josef Jung, sich endlich für ein Leben als Marianist und Professpriester oder ein Leben als Weltpriester zu entscheiden, mit einer Art Kompromissvorschlag antwortete:

„Ist es wirklich unmöglich, dass ich in ideeller Gemeinschaft mit der S. M. [Gesellschaft Mariä] bleibe? Ich möchte das Band mit ihr nicht ganz zerschneiden; ich liebe sie schließlich doch, jetzt vielleicht mehr als vorher.

Außerordentliche Zeiten ermöglichen oder erheischen doch auch außerordentliche Wege. [...]

Sie haben mir das Angebot gemacht, nach Spanien zu gehen, das war für mich sehr verlockend. Aber ich sage mir, wie im Frühjahr [1938]: Jetzt in der schweren Zeit für unser

Volk ist es doch vornehmer, edler, großherziger, beim Volk zu bleiben und die Gefahr mit ihm zu teilen. In mir ist der Kampfesmut und die Glaubensbegeisterung gestiegen. Es ist jetzt sehr unangenehm, katholischer Geistlicher zu bleiben, der an seinen Grundsätzen hält und ganz katholisch ist. Es ist gefährlich. Soll ich deswegen die Fremde aufsuchen? Just jetzt muss ich bleiben und wenn mir das Ärgste droht. Vielleicht ergibt sich in einem halben Jahr oder schon früher die Notwendigkeit, das Land zu verlassen, wenn ich nicht vorher ,anderswohin'[99] wandern muss. Es sei denn! Mögen sie tun, was sie wollen. Möge uns der liebe Gott die Gnade geben, tapfer zu bleiben. […]

Die Hirten müssen bei ihrem Volke bleiben, wenn Gefahr droht. Kommt es da nicht mehr auf die katholische Kirche an als auf die S. M.? Würden Sie, falls mein Wirken in der Heimat unmöglich würde und ich die Möglichkeit hätte, nach Spanien zu gehen – würden Sie mich noch aufnehmen?

Bitte, lassen Sie mich mit der Gesellschaft verbunden bleiben, der ich jetzt achtzehn Jahre angehöre, und der ich mein Glück, das Glück des tief erfassten Glaubens und das des Priestertums verdanke. Sie wissen, dass ich nur aus idealsten Beweggründen in die Seelsorge gegangen bin. Sie kennen mich und vertrauen, dass ich ehrlich und aufrichtig und hochherzig sein wollte und bleiben will. […]

Der Kampf hat begonnen."[100]

Diese Zeilen geben ebenso viele Antworten, wie sie Fragen aufwerfen; vor allem im Hinblick auf das Martyrium von Jakob Gapp fünf Jahre später, 1943: Deutlich geht daraus hervor, dass Jakob Gapp kein Opfer der Zeitumstände war und in eine Ecke gedrängt wurde, aus der er nicht mehr entkommen konnte. Vielmehr hat er im vollen Bewusstsein der Gefahren und aller Konsequenzen oppo-

niert, um mit seinen begrenzten Möglichkeiten (Predigten, Religionsunterricht) den Glauben und damit seine
Gefolgschaft wie Dienerschaft gegenüber Gott, der Kirche und der Menschheit zu bezeugen. – Sein Weg war am
Ende des Lebens nicht die Flucht in Lügen und halbsei-
dene Erklärungen, oder der gewaltsame Angriff gegen die
Machthaber, sondern das bedingungslose Selbstopfer im
Sinne der Nachfolge bzw. Passion Jesu Christi, indem er
sich den Mächtigen auslieferte, ohne jegliche Bestrafung
– auch den Tod nicht – zu fürchten: „Die Wehrlosigkeit
des Märtyrers unterläuft [somit] die totale Gewalt. Weil
der Märtyrer sein Leben nicht als das Höchste betrachtet,
wird jene Gewalt, deren Macht auf dem Tötenkönnen
beruht, aufgehoben, weil sie keine Angst mehr zeitigt. Sie
erscheint nicht mehr als total."[101]

Gleichzeitig muss an dieser Stelle jedoch geklärt werden, ob Jakob Gapp damals eine Todessehnsucht hatte,
welche pathologische Züge aufweist und damit sein Martyrium in ein anderes Licht rückt. Zwar finden sich in
manchen Aussagen über ihn Hinweise darauf, allerdings
legt sein eigenes Zeugnis in Briefen usw. diese Vermutung nicht nahe; im Gegenteil: Sein Martyrium scheint
ein gewachsenes Charisma zu sein[102], über das er sich im
Laufe der Jahre und in der Auseinandersetzung mit dem
Nationalsozialismus allmählich klar wurde: „Es werden
die Zeiten kommen, in denen die Priester in diesem un-
glücklichen Deutschland wie die Priester in den Zeiten
der Verfolgung unter der Herrschaft der Cäsaren leben
werden. Vielleicht ist es der Wille Gottes, dass ich in diesen Zeiten der Verfolgung mein Leben für den Glauben
hingebe."[103]

Als Kooperator und Religionslehrer in Breitenwang ge-
rät Jakob Gapp zum ersten Mal in die Mühlen des Nazi-

systems aus Spitzeln, Kollaborateuren und Denunzianten: Im Oktober 1939 wurde Anzeige gegen ihn erstattet, weil er einerseits den „Judenhass" im Unterricht als falsch dargestellt und schlichtweg abgelehnt hatte, und andererseits gesagt haben soll: „Nicht Adolf Hitler sei unser Gott, sondern Gott selbst sei unser Gott."[104]

Nicht mehr war nötig gewesen, um ein Schulverbot gegen Jakob Gapp auszusprechen und ihn – seines Einkommens und dadurch seiner Lebensgrundlage beraubt – aus Reutte zu vertreiben: „Dekan [Alois Mauracher] meinte daraufhin: ‚Das ist eine Fügung Gottes; der Herrgott will Sie wieder in Ihrer Genossenschaft haben.'"[105] Und tatsächlich schrieb Jakob Gapp alsbald wieder an den Generalsuperior der Marianisten:

„Ich gehe auf jeden Fall in die Genossenschaft zurück, eine Anstellung in Tirol kommt nicht mehr in Frage.

Ich bin bereit, auch nach Wien zu gehen, gebe aber zu bedenken, dass es wohl kritisch ist, vielleicht auch kaum der Mühe wert, in Anbetracht der Lage und auch meines Charakters. (Sie sagen, ich sei ein Stürmer und Dränger) [...] Mir ist lieber, wenn ich nach Spanien oder Frankreich oder sonst wohin komme. Gehe ich nach Wien, da wird es nicht lange dauern ... Sie verstehen. [...]

Es wäre mir daran gelegen, bald wieder an Ort und Stelle zu kommen, weil ich meinen Angehörigen, so gut sie sind, nicht immer in der Schüssel sitzen mag, besonders nicht jetzt im Winter."[106]

Während der Monate November und Dezember 1938 wohnte Jakob Gapp abwechselnd bei seinem Bruder Josef in Wattens und seiner Verwandtschaft auf dem Umlberg bei Terfens. Von hier aus versuchte er, einen Pass für seine

Ausreise zu beantragen, bzw. brachte er sich als Seelsorger in die Gemeindearbeit ein. Dabei erfuhr und erlebte er die Hetze und Propaganda der örtlichen NSDAP-Gruppe gegen die katholische Kirche im Allgemeinen und Pfarrer Franz Zoller und seine beiden Kooperatoren, Johann Grünbacher (1910–1989) und Eugen Knabl (1908–1992), im Besonderen, deren seelsorgerische wie soziale Arbeit behindert, wenn nicht sogar verhindert wurde. In diesem feindlichen Ambiente bestieg Jakob Gapp am 11. Dezember 1938 die Kanzel der Pfarrkirche in Wattens und predigte, was ihm sein Gewissen und Kampfesmut eingaben: „Unter anderem erklärte ich auf den in der Öffentlichkeit dem Papst gemachten Vorwurf seines Prunkes, dass ja auch das Parteihaus in München keine Hütte sei. Bezugnehmend auf Rosenbergs Werk ‚Der Mythus des 20. Jahrhunderts‘ führte ich weiter aus, dass es katholische Christen gäbe, die so dumm seien, dieses Buch, in dem so viel Lüge und Schwindel enthalten [sind], zu lesen. Ich empfahl ihnen, statt der Literatur dieses Buches gute katholische Bücher zu kaufen. Diese Predigt hat nach meinen eigenen Feststellungen unter der staatstreuen Bevölkerung eine solche Beunruhigung hervorgerufen, dass mir ein Mitgeistlicher in Wattens den Rat gab, es sei besser, für einige Zeit zu verreisen, bis sich die Aufregung etwas gelegt habe."[107]

Tatsächlich war die Predigt von Jakob Gapp überwacht und gemeldet worden und hat eine Reihe von Maßnahmen gegen ihn in Gang gesetzt: So wurde zum Beispiel, während seiner Abwesenheit, die er in Osttirol bei einem Cousin verbrachte, im Haus seines Bruders nach ihm bzw. belastendes Material gegen ihn gesucht, wie u. a. aus einer Fahndungsliste der Geheimen Staatspolizei in Erfurt[108] hervorgeht. – Es ist daher als wahrscheinlich anzunehmen, dass die systematische Bespitzelung von Jakob Gapp von dieser Aktion bis zu seiner Verhaftung im Jahr 1942 dauerte.

Das Weihnachtsfest und den Beginn des neuen Jahres verbrachte Jakob Gapp wieder bei Angehörigen seiner Familie auf dem Umlberg, wo ihn eine Vorladung der Bezirkshauptmannschaft in Innsbruck erreichte und er mit einer dunklen Vorahnung im Herzen seine letzte heilige Messe auf heimischem Boden, in der Roaner-Kapelle, feierte; dazu notierte er im Zelebrationsheft: „Am 5. Jänner [1939] las der Schreiber dieser Zeilen noch eine hl. Messe, bevor er nach Innsbruck fuhr, um sich auf offizielle Vorladung vor der Bezirkshauptmannschaft zu verantworten. Gott gebe Freiheit und Arbeitsfeld, besonders aber inneren Mut und Zufriedenheit, mit denen alles ertragen werden kann. Für Christus zu leiden ist eine Ehre! Möge uns Gott immer in dieser Gesinnung erhalten und seinen heiligen Geist senden, wie er ihn den ersten Christen sandte."[109]

4. Enfant terrible (1939–1942)

Die folgenden dreieinhalb Jahre lassen sich nach ihrem äußeren Erscheinen mit dem Bild der Odyssee beschreiben: Jakob Gapp war viel unterwegs, kam jedoch nie an; jeder Ort, der nicht Tirol war, machte ihn unglücklich, und, obwohl er von den antiklerikalen wie lebensbedrohlichen Zuständen im Deutschen Reich wusste, quälte ihn das Heimweh: „Ich bin eine Pflanze, die auf fremdem Boden nicht gedeiht."[110]

Hinzu kam, dass er bei seinen Mitbrüdern im Ausland häufig auf Unverständnis stieß, weil es ihm nicht gelingen wollte, seine differenzierte Haltung gegenüber den politischen Verhältnissen in Österreich sowie ihre Ursachen und Auswirkungen zu verdeutlichen: „Im Kontakt mit anderen Nationen erwachen [meine] nationalen Gefühle immer wieder und machen sich geltend. Ich habe keinen Hass, wahrhaftig, ich liebe jedermann, dafür ist Gott mein Zeuge. Aber ich kann es nicht ertragen, dass man die Deutschen beleidigt, ohne einen Unterschied zwischen den [Führern] der nationalsozialistischen Partei und dem Volk zu machen."

Die innere Entwicklung, welche Jakob Gapp in dieser Zeit machte, gleicht hingegen einer Pilgerschaft auf den Kalvarienberg; zum einem litt er aus der Ferne mit seiner Heimat, zum anderen trieb ihn die Suche nach seiner Bestimmung um: „Ich will mit dem lieben Gott in guter Freundschaft stehen; ich will nichts tun, wovon ich bestimmt weiß, dass es ihm nicht recht ist. […] Mein Ideal wäre, das Blut für Christus und die Kirche hinzugeben."[111]

So zeigte sich bei Jakob Gapp allmählich das Charisma eines Märtyrers; nicht als Zeichen seiner persönlichen Schwäche, sondern als Zeichen der Stärke seines Glau-

bens sowie seiner unsterblichen Hoffnung in die Frohbotschaft Jesu Christi: „Wenn ich für mein Volk wirklich
etwas Wertvolles tun will, so muss ich mit ihm leiden
und sterben. […] Ich finde am Leben keinen Geschmack
mehr, da ich sehen muss, was Unsägliches mein Volk
leiden muss. Und wenn wir noch aufbauen können, so
Gott nach diesem Kriege diese Gunst gewährt, so können es nicht jene, die sich immer zu retten suchen, und
sollten sie noch so schön sprechen, sondern jene, die mit
dem Volk gelitten haben und ihr Äußerstes wagten in seinem Dienst. Kurz: der Beruf eines Priesters liegt heute
nicht darin, schön zu sprechen, sondern zu leiden und zu
sterben, aus Liebe zu Gott, zu Christus, zur katholischen
Kirche und zur Heimat. […] Heute ist die Zeit der Tat
und der vollen heldenhaften Hingabe seiner selbst um des
höchsten Gutes willen, das wir von Gott bekommen haben. […] Für Christus, unseren Herrn, werde ich immer
Zeugnis ablegen, möge er mir diese größte Gnade gewähren, Blutzeugnis für ihn abzulegen."[112]

***

Auf der Bezirkshauptmannschaft in Innsbruck wurde Jakob Gapp, am 5. Januar 1939, mitgeteilt, dass sein Antrag
auf Ausstellung eines Reisepasses abgelehnt worden war;
als Grund dafür wurde seine Adventpredigt in Wattens genannt, die für einigen Unmut bei der NS-treuen Bevölkerung gesorgt hatte, und welche, laut internen Unterlagen
der Gestapo Innsbruck, ein Rede- bzw. Aufenthaltsverbot
für Jakob Gapp im Gau Tirol-Vorarlberg zur Folge haben
sollte.[113] Damit war auch das Angebot von Bischof Paulus
Rusch, der dem in Ungnade gefallenen Marianisten eine
befristete Anstellung in Lech am Arlberg zugesagt hatte,

vom Tisch, und Jakob Gapp geriet in eine scheinbare Zwickmühle. Jedoch hatte das Schicksal – oder besser: die göttliche Vorsehung – anderes mit ihm vor: „Am 9. Jänner [1939] erhielt ich einen Brief vom hochwürdigen Herrn Bischof [von Innsbruck-Feldkirch], der mir einen vorläufigen Posten vorschlug. Natürlich war ich sehr froh darüber, besprach mich persönlich, mündlich mit ihm und war am Freitag den 13. schon sozusagen reisefertig nach Lech am Arlberg. Da kam [von Provinzial Adalbert Ehrmann] aus Wien die Einladung, dorthin zu kommen. Mich zog es gleich sonderbarerweise dorthin, obwohl ich nicht wusste, was es wohl geben werde. Und richtig hatten sie in Wien auch gar keinen Posten für mich. Als ich aber in die Wiener Gegend [= Lanzenkirchen] kam, wo wir früher eine Anstalt besessen hatten, fiel mir ein, [ob ich nicht in Wiener Neustadt] den Pass bekäme. Und siehe da! Am selben Vormittag war alles erledigt. Ich fuhr nach Wien zurück, holte mir beim französischen Konsulat das Visum und reiste am 21. Jänner [1939] abends über-glücklich von Wien ab."[114] – Damit war Jakob Gapp den Nazis bzw. einer drohenden Strafe wegen seiner „sehr ge-hässigen Bemerkungen über den Nationalsozialismus"[115] vorerst entkommen und auf der Flucht über Italien nach Frankreich, wo er in Bordeaux, in der Niederlassung „La Madeleine" der Gesellschaft Mariä, Aufnahme und Be-schäftigung fand[116]: „Ich würde es sicherlich vorziehen, in meinem Vaterland zu arbeiten, aber das geht nicht, ohne dass man Gefahr läuft, entweder in ein Konzentra-tionslager geschickt zu werden, oder sich zu verleugnen und über die Grundsätze von erstrangiger Wichtigkeit zu schweigen. […] Andererseits kann ich sagen, dass es mir hier gefällt. Ich hoffe, dass es mir immer besser gefallen wird, und dass ich bleiben kann."[117]

Leider zerschlug sich diese Hoffnung recht bald, denn, entgegen allen Erwartungen, war der Nutzen, den Jakob Gapp für die Mitbrüder in der Magdalenenkirche hatte, nicht allzu groß. Als Deutschsprachiger war er nämlich den französischen Gläubigen suspekt, und die Ordensgemeinschaft hatte Sorge, dass der Ruf ihres Hauses darunter litt, wenn bekannt wurde, dass ein Österreicher und damit ein Bürger des nationalsozialistischen Großdeutschen Reichs bei ihnen wirkte. Also wurde seine seelsorgerische Betätigung begrenzt, wo es nur ging, und Jakob Gapp, der sich nichts sehnlicher gewünscht hatte, als seinen Beitrag zu leisten und durch harte Arbeit sein allzu starkes Heimweh zu kurieren, war wiederum isoliert und wurde allmählich verbittert: „Er ist ein Bursch, der viel Arbeit braucht, sei es in der Schule oder im priesterlichen Dienst, irgendetwas, das ihn voll in Anspruch nimmt und ihm das Gefühl wiedergibt, dass er nützlich ist und etwas Gutes tut; etwas, was er hier nicht spürt. Ich glaube, dass er ein Herz hat, und das gibt Grund zur Hoffnung, aber er befindet sich in einer recht schlechten Phase."[118] – Also wurde ihm eine Aufgabe übertragen; er sollte die Bibliothek des Haues in Ordnung bringen: „Ich [= J. G.] habe ihnen gezeigt, dass wir Österreicher zu arbeiten verstehen. Niemand hat sich an diesen Augiasstall gewagt." Und trotzdem blieb die Unzufriedenheit: „Ich warte noch zu, dann, wenn es nicht besser wird, werde ich ersuchen, mich woandershin zu schicken oder ich fahre wieder heim. Dann gehe ich aber arbeiten! Ich fühle mich als Priester ganz im Element und hier ist fast nichts zu tun! Ja, wenn man in solchen Lebenslagen die Religion nicht hätte! Die Liebe zum Heiland hält mich aufrecht. Im Beichtstuhl kann man trösten, wenn man selber leidet. Die Freundschaft mit Gott ist immer die Hauptsache.

Der liebe Heiland ist doch der beste und treueste Freund!
Nur an ihn denken in der Not!"[119]

Hieran lässt sich nicht nur die momentane Gefühlslage
von Jakob Gapp erkennen, sondern auch ein neuer As-
pekt seiner Spiritualität festmachen: Sein Blick auf den
Heiland, den Erlöser und Retter der Menschheit, den
Salvator Mundi, wird immer klarer: „Ich kann hier studieren, beten und auch etwas leiden. Und alle drei Dinge
sind gut. [...] Wenn ich [hier] auch viel gelitten habe –
seelisch –, so bin ich [...] dankbar [...] dienen doch auch
die Leiden dazu, mich zu läutern und loszuschälen."[120]

Die Kraft und Zuversicht, welche Jakob Gapp aus dieser vertieften Christusbeziehung schöpfte, floss auch in
seine einzige Predigt ein, die er am Ostersonntag 1939 in
Bordeaux hielt; sein ganzer Eifer gilt der Verkündigung
des Glaubens an Jesus Christus, den keine Macht der
Welt, als Heilbringer und Anker der Hoffnung, überwältigen kann: „Ich bin doch gut in Fahrt gekommen, es kam
mir von Herzen, was ich sagte, ich hatte eben gelitten, da
ist das Herz weich."[121] – Während seiner Vernehmung
durch die Nazis im Januar 1943 sagte er darüber Folgendes aus: „Ich sprach dabei auch von der Bedrängnis, der
die Katholiken durch den Nationalsozialismus ausgesetzt
seien. Zum Schluss meiner Predigt bat ich meine Zuhörer
darum, sie möchten für die in Deutschland hart bedräng-
ten katholischen Glaubensbrüder beten."[122]

Damit war ein weiterer Anlass geschaffen, weshalb Jakob
Gapp für die Marianisten in Bordeaux gefährlich bzw. un-
tragbar wurde; man vermutete wohl, dass die Messfeiern
von NS-Spitzeln beobachtet wurden, und jeder noch so
kleine Verdacht von regimekritischem Denken nach Berlin gemeldet wurde.[123] Also wurde ein Ausweg gesucht,
um den unbequemen Mitbruder loszuwerden: „Herr

Gapp ist am Dienstag, 23. Mai [1939], mit einem Visum des spanischen Konsuls in Bordeaux an die Grenze abgereist. Wir haben uns mit sehr schönen Worten getrennt. Möge das spanische Klima ihm guttun."[124]

Aber das Gegenteil war der Fall: Die Jahre in Spanien zählen zu den schwierigsten im Leben von Jakob Gapp; sein Heimweh steigerte sich ins Unerträgliche und seine Auseinandersetzungen mit der Gesellschaft Mariä verschärften sich dermaßen, dass ein Bruch unausweichlich schien: „Seine Imagination ist ein Vulkan und er ist ihr Opfer. Er ist im Grunde ein guter Mensch, und trotzdem ziemlich unglücklich. Er ist fähig, eine Dummheit zu begehen, eine Dummheit in irgendeinem Moment, wenn man nicht reagiert."[125]

Kurz bevor Jakob Gapp, am 23. Mai 1939, bei Irún einreiste, ging in Spanien der Bürgerkrieg (1936–1939) zwischen den Republikanern und den Nationalisten zu Ende. Als Sieger dieser beinahe dreijährigen Auseinandersetzung, an welcher sich auch die italienischen und deutschen Faschisten beteiligt hatten, ging General Francisco Franco (1892–1975) hervor, der das Land ab sofort und bis zu seinem Tode diktatorisch regieren sollte. Dabei orientierte er sich stark an den politischen Systemen, Strukturen und Mechanismen seiner beiden Verbündeten im Ausland: Benito Mussolini (1883–1945) und Adolf Hitler.

Damit war die politische Lage in Spanien damals vergleichbar mit jener im faschistischen Königreich Italien bzw. in Nazideutschland, was für Jakob Gapp, der vor Letzterem geflohen war, nichts anderes bedeutete, als vom Regen in die Traufe gekommen zu sein; ringsum gab es für den Nationalsozialismus und seine Ziele Sympathiebekundungen[126], gegen die er sich von Anfang an zur

Wehr setzte, sei es in seinen Predigten oder im Unterricht, welchen er an den Ordensschulen von Cádiz, San
Sebastián und Valencia abhielt: „Hier stehe ich mit meiner energischen Ablehnung des Hitlertums allein, weil die
Spanier diese Teufel nicht kennen. Ich hoffe und bete,
dass die Vorsehung den Nationalsozialismus zu Boden
schmettert."[127] – Diese Zeilen schrieb Jakob Gapp eine
Woche, nachdem der Zweite Weltkrieg, am 1. September 1939, mit dem Angriff von Hitler-Deutschland auf
Polen, begonnen hatte, während er gleichzeitig bereits ge-
ahnt haben muss, dass deswegen seine baldige Rückkehr
nach Österreich immer unwahrscheinlicher wurde. Ein
Umstand, der wiederum sein Heimweh entfachte und ihn
erneut in eine Lebens- bzw. Sinnkrise stürzte, welche sich
ihrerseits negativ auf sein Verhältnis mit den Marianisten
auswirkte: „Er leidet viel, ist immer unruhig und niemals
zufrieden. Er ist beherrscht von seiner Vorstellungskraft
und seinem Heimweh. Er träumt oft von Situationen, die
eine Untreue gegenüber seiner Berufung aufdrängen. Er
möchte sogar sofort Hauslehrer bei einer österreichischen
Familie in Lequeitio [im Baskenland] werden. […] Ich [=
Provinzial Marcos Gordejuela, 1892–1961][128] habe ver-
sucht, ihn zu beruhigen und seine Aufmerksamkeit auf
den Austritt gelenkt, den er machen würde. Er ist kein
ausgeglichener Mensch und in seinen pädagogischen
Maßnahmen hart, und hat keinen Erfolg bei den Kin-
dern. Er träumt immer von der Pfarrseelsorge in seinem
Land [= Tirol, Österreich]."[129]

Zweifelsohne tauchte Jakob Gapp, Anfang 1940, in
eine Lebensphase ein, die ihm ebenso bedrohlich wie aus-
sichtslos erschien; unfähig, währenddessen einen kühlen
Kopf zu bewahren, reagierte er darauf wie ein Ertrinken-
der, der die rettende Hand von sich weist – auch den Rat-

Jakob Gapp in Spanien (1940)

schlag seines langjährigen Vorgesetzten, Vertrauten und Freundes, Generalvikar Franz Josef Jung:

„Ich frage mich, warum Sie darauf Wert legen, dass ich in der Gesellschaft [Mariä] bleibe; senden Sie mir die Dispens von den Gelübden, und Sie befreien sich von diesem enfant terrible. […]

Es ist vielleicht bitter, aber es braucht auch die enfants terribles, die den Finger auf die Wunden legen, ohne sich zu überlegen, ob es gefällt oder nicht. Man möge mir beweisen, dass ich nicht recht habe, und ich nehme alles, was ich gesagt habe, zurück.“[130]

Dazu kam es erst gar nicht; Jakob Gapp relativierte seine Vorwürfe gegen die Gesellschaft Mariä, welche viel mehr seiner allgemeinen Verzweiflung als seiner punktuellen Enttäuschung entsprungen waren, innerhalb weniger Tage:

„Entschuldigungen, Gründe suchen, um einen eventuellen Austritt zu rechtfertigen – ich finde das eines Mannes und noch mehr eines Priesters unwürdig.

Ich finde selbst, dass ich hinsichtlich der religiösen Vollkommenheit viel zu wünschen übrig lasse, aber ich will aufrichtig fromm, demütig, keusch und bußfertig sein, ich will ein guter Priester sein.

Unser Herr möge mich vor dem Unglück bewahren, dass ich etwas anderes an die erste Stelle meines Lebens als Ziel setze, als einzig und allein in seinem Dienst zu stehen.

Habe ich gesagt, dass alles in der Gesellschaft schwarz sei? Wenn ich das geschrieben habe, dann ziehe ich es zurück. Ich habe auch sehr gute Dinge gefunden, und sehr gute Brüder und Obere. […]

Wahrlich ich bin nicht glücklich, und der Hauptgrund ist ohne Zweifel der, den Sie [= Franz Josef Jung] *andeuteten: Ich bin verbittert.*"[131]

Allerdings war es damit nicht getan; Jakob Gapp kam und ging und machte das Leben sich und seinen Mitbrüdern schwer. Die Korrespondenzschreiben und Chronikeinträge aus diesen Jahren wechseln zwischen „Er ist ein origineller Typ in seiner Art"[132] und „Er ist ein unruhiger und kranker Geist, wenig geeignet für das Ordensleben".[133] Kurzum: Die Klagen – ob nun berechtigt oder nicht –, die Jakob Gapp hören ließ, und welche sich einerseits gegen die exklusive Schulführung der Marianisten[134], andererseits gegen das amikale Verhältnis der spanischen Bevölkerung zum Nationalsozialismus richteten, und zudem von seinem anhaltenden Heimweh befeuert wurden, zerrütteten die Beziehung zur Gesellschaft Mariä, wo man inzwischen ebenfalls zu der Überzeugung gelangt war: „Es ist wirklich schade, dass Freund Jakob [Gapp] seine Imagination nicht zum Schweigen bringen kann. [...] Es ist wohl zu fürchten, dass er immer ein Unglücklicher sein wird. Wir haben unsere Pflicht getan, indem wir uns bemühten, ihn zur Vernunft zu bringen. Seien wir ruhig und lassen wir die Vorsehung handeln."[135] – Inwiefern diese den weiteren Weg von Jakob Gapp bestimmte, lässt sich diskutieren, aber es bleibt festzuhalten, dass Jakob Gapp, ab Mitte 1942, alles daransetzte, seiner Bestimmung zu folgen, wenngleich seine Herangehensweise mitunter schon seit Längerem konfus und manchmal auch widersprüchlich erschien.[136] Man könnte sogar sagen: In Jakob Gapp stritten nicht Herz und Verstand miteinander, sondern zwei Herzen, von denen das eine für die Gesellschaft Mariä schlug und das andere für einen göttlichen Auftrag brannte, den zu benennen Jakob Gapp allerdings noch nicht imstande war. Im Ganzen genommen war Jakob Gapp ein Zerrissener, der zwar nicht genau wusste, wohin mit sich, aber tief in sich die Weisung verspürte: „Per aspera ad astra [= Durch Mühen/Leiden zu den Sternen]!"[137]

Am deutlichsten zeigt sich diese Unentschiedenheit, welche jedoch ein Ringen nach persönlicher Klarheit und Beständigkeit war, in den wechselnden Versuchen von Jakob Gapp, nach England bzw. nach Österreich (= Ostmark, Deutsches Reich) zu kommen, um sein ebenso unglückliches wie ungewisses Dasein im spanischen Exil zu beenden: „Da mein Versuch beim englischen Konsulat fehlgeschlagen war[138], suchte ich Anfang Juni [1942] den deutschen Konsul auf, um zu versuchen, wieder nach Deutschland zurückzureisen. Ich ging dabei von der Annahme aus, dass über meine Tätigkeit in Frankreich und Spanien nichts bekannt sei und dass das deutsche Konsulat auch von meinen Besuchen beim englischen Konsul nichts wüsste. Ich habe davon auf dem deutschen Konsulat auch absichtlich nicht gesprochen, um mir die Möglichkeit einer Rückreise nicht zu erschweren. Ich war damals in einer ziemlich verzweifelten Stimmung, nahm mir aber auch vor, dem deutschen Konsul gegenüber ganz offen zu sein und ihm meine Einstellung zum Nationalsozialismus nicht zu verheimlichen, was ich auch getan habe. Ich habe auch in aller Ausführlichkeit von meinen Erlebnissen in Österreich vor meiner Ausreise erzählt. Der Konsul erklärte, er werde wahrheitsgemäß über meine Einstellung berichten und mir zu gegebener Zeit Nachricht über meinen Antrag zukommen lassen. Am nächsten Tage suchte ich wiederum das deutsche Konsulat auf und sprach mit dem Sekretär in genau der offenen Weise wie mit dem Konsul selbst. Da mein Pass erneuert werden musste, forderte ihn mir der Sekretär ab. Ich bekam einen neuen Pass Anfang Juli 1942. Während mein Antrag auf ein Visum nach Deutschland noch nicht entschieden war, erschien mir mein Plan, nach Deutschland zurückzukehren, doch etwas zu gefährlich, und ich hoffte, in Spanien als Pfarrer unterzukommen. Als mich der Konsulatssekretär Anfang September 1942 vorlud und mich fragte, ob ich noch auf meiner Ausreise nach Deutschland bestehe, erwiderte ich ihm, dass ich einen Pfarrerposten in der Provinz Tarragona [= Südkatalonien] in Aussicht hätte und demzufolge von der Heimreise noch vorläufig Abstand nehmen wollte."[139] – Aber das Netz war bereits gespannt, und Jakob Gapp erkannte nicht, dass die Spinne, welche dafür verantwortlich war, ihn bereits seit Wochen begleitete und sabotierte.

Wir erinnern uns: Seit seiner NS-kritischen Predigt in Wattens, 1938, stand Jakob Gapp unter geheimdienstlicher Beobachtung; und es ist als wahrscheinlich anzunehmen, dass deswegen auch seine Tätigkeiten und Gespräche im Ausland von Nazispitzeln registriert und nach Berlin berichtet wurden. Diese Konfidenten des NS-Regimes agierten jedoch nicht unbemerkt im Schatten, sondern fanden sich meist im direkten und persönlichen Umfeld derer, die sie ausspionieren und verraten sollten; dabei traten sie zwar in verschiedenen Verkleidungen auf, spielten allerdings immer die gleiche Rolle: den Agent Provocateur.[140]

Der Verräter Martin Mendelsohn[141] trat nach dem Ostersonntag 1942 in das Leben von Jakob Gapp. An besagtem 5. April hatte der Marianistenpater eine Predigt vor der deutschsprachigen Gemeinde in der Kirche der Karmelitinnen von Valencia gehalten und sich abermals vorbehaltslos über den Nationalsozialismus und seine Unvereinbarkeit mit dem Christentum ausgesprochen. Einige Wochen später kam Martin Mendelsohn, der sich als geflohener Exil-Jude vorgestellt hatte, auf Jakob Gapp zu und bat diesen um die Erteilung von Konversionsunterricht, da er und seine Familie zum Katholizismus übertreten wollten: „Ich übernahm den Unterricht bei der Familie Mendelsohn in der Annahme, dass es diesen mit ihren Übertrittsabsichten ernst sei. Ich besuchte die Familie ab Oktober 1942 regelmäßig, fühlte mich wohl dort und freundete mich mit Herrn Mendelsohn allmählich an. Hin und wieder, allerdings nicht oft, sprachen wir dann über den deutschen Nationalsozialismus, den wir beide ablehnten."[142] – Die Täuschung war also perfekt! Unter dem Vorspiel falscher Tatsachen erschlich sich der verkappte Nationalsozialist das Vertrauen und die Zuneigung von Jakob Gapp, und dieser nahm Martin Mendelsohn deswegen auch ohne Bedenken zu seinen Treffen ins englische Konsulat mit, von wo er u. a. antifaschistisches Propagandamaterial mitnahm. Außerdem verteilte Jakob Gapp unter seinen echten wie vorgegebenen Vertrauten auch Kopien des NS-kritischen Hirtenbriefes „Pastorale Unterweisung über einige moderne Irrtümer" (Orig.: „Instrucción Pastoral sobre algunos errores modernos") vom 28. Februar 1942 des Bischofs von Calahorra, Fidel García Martínez (1880–1973) und äußerte sich wiederholt über seine Hoffnung, dass der Krieg bald verloren sei und das Dritte Reich unterginge.

Damit waren im Ermessen des Nazi-Kollaborateurs ausreichend Beweise gegen Jakob Gapp gesammelt worden, um ihn zu verhaften und des Staatsverrates anzuklagen. Dies durfte bzw. konnte jedoch nicht auf spanischem Boden geschehen, weshalb Martin Mendelsohn alles daransetzte, um Jakob Gapp außerhalb des Landes zu locken, ins deutschbesetzte Frankreich, wo seit 1940 das nationalsozialistisch gesinnte Vichy-Regime an der Macht war. – Als Jakob Gapp im September 1942 seine freiwillige Ausreise nach Deutschland aus Gründen der Vorsicht abgelehnt hatte und stattdessen einen Pfarrposten in der spanischen Provinz Tarragona antreten wollte, schlug ihm Martin Mendelsohn daher eine Reise oder Wallfahrt vor, welche sie zusammen mit einem dritten, namenlosen Mann nach Saragossa, San Sebastián und Bilbao führen sollte. – Bis heute ist nicht restlos geklärt worden, wie es dazu kam, dass Jakob Gapp, nur vier Tage nach seiner Abfahrt, bei Hendaye an der spanisch-französischen Grenze, am 9. November 1942, festgenommen wurde; in der Chronik der spanischen Provinz der Marianisten heißt es dazu nur lapidar: „Als Opfer seiner Phantasie, seines Heimwehs, seiner Sentimentalität, seines Hasses auf Hitler etc. etc., verschwand er aus Valencia […] In Tortosa [= Bischofsstadt in der Provinz Tarragona] erschien er nicht; man sah ihn aber in Saragossa und in San Sebastián. Bald darauf sagte sein Begleiter, dass er über die Grenze sei; man möge sich um ihn Sorgen machen, weil er nicht mehr nach Spanien zurückkehren würde. Wir fürchten, dass er in seiner hitlerfeindlichen Überspanntheit Opfer eines Hinterhalts geworden ist. Sein Weggang aus Valencia fand am 5. November 1942 statt."[143]

5. Der aufrechte Granitblock (1943)

Oberflächlich betrachtet, erscheinen vor allem die Jahre, welche Jakob Gapp im Ausland verbracht hat, wie eine schleichende Entfremdung von der Gesellschaft Mariä; und auch umgekehrt bekommt man den Eindruck, dass die Marianisten für ihren österreichischen Mitbruder kein größeres, will sagen, tieferes Verständnis aufbringen konnten: „Misstrauen Sie sich selbst und Ihrem eigenen Urteil."[144]

Auf beiden Seiten kam es daher vielfach zu Missverständnissen, Kränkungen und Verletzungen, die schlussendlich dahin führten, dass Jakob Gapp die ungeordnete Flucht antrat und die Mitbrüder gewissermaßen froh und erleichtert darüber waren, einen Störenfried und Eigenbrötler aus ihren Reihen loszuwerden: „Es scheint mir – ich kann mich täuschen, dass mein Charakter und meine Mentalität sehr verschieden sind von dem, was man im Allgemeinen in unsrer Gesellschaft findet."[145]

Daraus erklärt sich mitunter, weswegen das Verschwinden von Jakob Gapp bzw. seine Entführung am 9. November 1942 kein nachwirkendes Echo in der Gesellschaft Mariä verursacht hat, weil zu oft und zumindest einmal zu viel der Entschluss gefallen war: „Ich [= Jakob Gapp] sehe nun ein […], dass ich zur S. M. [= Gesellschaft Mariä] wirklich nicht berufen bin."[146] – Aus dem Schriftverkehr des Ordens im Nachkriegsjahr 1946 geht außerdem hervor, dass weder der Verbleib noch das Schicksal von Jakob Gapp nach seiner Verhaftung näher bekannt waren oder konkret nachgefragt wurden: „Leider wussten wir nicht, dass er in Berlin ums Leben kam; wir hatten nur erfahren, dass er durch List aus Spanien herausgelockt wurde."[147]

Man könnte also behaupten, dass Jakob Gapp am Ende

seines Lebens ganz allein dastand, dass er heimatlos und verlassen, ohne Hoffnung und Freunde war, sowie den Feinden der Kirche ausgeliefert und dem Tod überlassen wurde.

Jedoch wäre das nur die halbe Wahrheit: In Wirklichkeit fand Jakob Gapp in seinen letzten Monaten auf Erden zu sich selbst; als unsteter, wankelmütiger und oftmals alles überhastender Charakter, welcher er nun einmal war, bewies er plötzlich inspirierende Standhaftigkeit und Glaubensstärke. Er wuchs in jenen Momenten über sich hinaus, als er klein gemacht und wegen seiner Liebe zu Jesus Christus beschimpft, bedroht und gedemütigt wurde. Aus dem streitbaren Zauderer – „Wenn ich ein Heiliger wäre, hätte ich das alles mit Freuden ertragen."[148] – war ein Gottberufener geworden; ein Zeuge mit Leib und Seele, ein Granitmensch[149], der nicht wankte, nachgab oder zerbrach: „Ich glaube, ich konnte mich heiligen in dieser schweren Zeit."[150]

Tatsächlich fühlte sich Jakob Gapp an seinem Lebensende nicht wirklich alleingelassen, vielmehr verspürte er die tröstende Gegenwart des Erlösers und Heilandes aller Menschen in sich, weil er, wie die christlichen Märtyrer vor und nach ihm, erkannt und widerspruchslos angenommen hatte, dass man nie tiefer fällt als in Gottes Hand, die einen birgt, aufrichtet und führt: „Wenn es uns auch oft vorkommt, als ob Gott den Karren laufen ließe, ohne sich um die Welt zu kümmern, so ist es doch nicht. Denen, die Gott lieben, gereicht alles zum Besten."[151]

***

Die Umstände, unter welchen Jakob Gapp Spanien verließ, bleiben rätselhaft. Aber wir wüssten bestimmt noch weniger über seine letzten Lebensmonate und sein Glaubenszeugnis, hätte es nicht einen Wink des Schicksals oder den Fingerzeig Gottes gegeben, der das stille Gebet seines treuen Dieners – „Lass meinen Gang in deinem Wort fest sein, und lass kein Unrecht über mich herrschen."[152] – hörbar und sein Opfer als leuchtendes Beispiel eines Christenmenschen für alle Welt sichtbar machte: Am 14. November 1960, also fünfzehn Jahre nach Kriegsende, wurde durch Zufall auf einem Schrottplatz in Berlin-Kreuzberg ein Panzerschrank gefunden und von den Behörden geöffnet. Darin befanden sich hunderte Aktenbündel des sogenannten „Volksgerichtshofs"[153] und nicht zuletzt „612 Urteile gegen etwa 2000 Angeklagte – vorwiegend Ausländer – aus den Jahren 1940 bis 1944".[154] – Ein Dossier bezog sich auf den Marianistenpater Jakob Gapp und offenbarte sein Martyrium in allen schrecklichen Einzelheiten: „Jakob Gapp war sich darüber klar, durch seinen Verrat das deutsche Volk und das Deutsche Reich schwer zu schädigen und im Kriege dadurch dem Feind zu helfen. Er erklärt dazu, für ihn gehe das Gebot der Kirche und ihr Interesse über die Stimme des Blutes, über Volkszugehörigkeit und Vaterland. […] All das erklärte der Angeklagte selbst und fügte hinzu, dass er auch wisse, dass der Nationalsozialismus nicht wie der Liberalismus antworten könne, der eine Gesinnungstäterschaft als solche anerkenne; denn wie der Katholizismus erhebe er einen weltanschaulichen Totalitätsanspruch. Deshalb müsse er – Jakob Gapp – ihn auch bekämpfen und werde das zeitlebens tun. Mit einem hat der Angeklagte recht: Wie der Liberalismus, der Volksverrat und Volkstreue moralisch nicht verurteilt und nicht hochwertet, antwortet der Nationalsozialismus nicht. Er kann nur eine Antwort kennen: Wer so die Stimme des Blutes in sich verrät, wer alles daransetzt, Deutschland seine Freunde zu entfremden und Deutschlands Feinde[n] zu helfen […] – ein solcher Deutscher hat für immer, für unser Geschlecht und die Reihe der deutschen Geschlechter nach uns, seine Ehre verwirkt; und er muss deshalb als verräterischer Helfer unserer Kriegsfeinde mit dem Tode bestraft werden."[155]

Was aus diesen Unterlagen jedoch nicht hervorgeht, sind die schmerzhaften Gefühle und Gedanken, welche Jakob Gapp in jenen bedrohlichen Wochen und Monaten beschäftigt haben müssen; er hatte wohl große Angst gelitten und Verzweiflung gespürt, vielleicht sogar den Impuls, in seinen Ansichten nachzugegeben, um eine, wenn auch äußerst geringe Überlebenschance zu haben: „Nach schwerem Ringen bin ich doch so weit, dass ich den heutigen Tag [13. August 1943, Tag der Hinrichtung] als den schönsten meines Lebens betrachte."[156] – Aber allen Versuchungen und Einflüsterungen zum Trotz blieb Jakob Gapp stark und aufrecht wie ein Fels und machte sogar auf den Vernehmungsbeamten der Gestapo in Berlin einen bleibenden, wenn nicht sogar lebensverändernden Eindruck:

„[Ich bin] *der Meinung, P. Gapp hätte sich durch eine etwas zurückhaltende Ausdrucksweise, d. h. durch ein weniger offenes Bekenntnis den Galgen [sic!] vielleicht ganz ersparen können. […] Man tut P. Gapp unrecht, wenn man ihn für einen Intellektualisten hält, der vorher überlegt, welche Folgen etwas haben kann. P. Gapp war erfüllt vom Geiste Gottes, und der ließ keine andere Wahl als das offene und mutige Bekenntnis. […] In der Haltung P. Gapps gab es absolut keine politischen Motive. [Er erklärte], dass ihm das alles sehr leidtue, aber man müsse Gott mehr gehorchen als* den Menschen, egal, welche Folgen diese Einstellung in der Praxis mit sich bringe. Das war eine einmalige Haltung, die damals, wo ja viele Geistliche verurteilt wurden, auch unter den Geistlichen als wirklich einmalig sich herausstellt. P. Gapps Handlungsweise war bestimmt durch die Tatsache, dass das nationalsozialistische Regime den katholischen Glauben verfolgte, diesen nicht dulden wollte, und alles tat, um ihn zu vernichten, auszurotten. [...] Ich möchte sagen, dass P. Gapp im Unterschied zu allen katholischen Bischöfen und damals auch vielen Geistlichen ein ausschließlich praktizierender Katholik war. Ihm ging es nicht darum, ideologisch zu begründen, warum dies oder jenes richtig sei, er war erfüllt von dem Geiste Jesu Christi und ließ eine andere Handlungsweise nicht zu. Er überlegte auch nicht, ob er dies oder jenes tun müsse, er handelte immer aus seinem christlichen Glauben heraus. Die Nazis mussten von ihrem Standpunkt aus gegen Jakob Gapp vorgehen. Er war der konsequente und unbeugsame Gegner jener Lehren und Irrlehren, auf denen der nationalsozialistische Staat aufgebaut war. P. Gapp war ein Mann, der vor Menschen keine Furcht kannte, egal welche Nachteile ihm daraus erwuchsen. Er sagte, was in ihm lebte und war. [...] Er glich einem sprudelnden Brunnen, der aus einem glaubensmäßigen Überfluss heraus sagte, was er dachte. Er nahm Rücksicht einzig und allein auf die Wahrheit, wie sie in der kirchlichen Lehre dargestellt wurde. [...] Man wusste, dass hier ein Mann mit absoluter Sicherheit in den Tod geht, und man konnte nur teilnahmsvoll und mit Sicherheit auch bedauernd hinter im herblicken."[157]

Diese Aussage ist insofern von Bedeutung, als sie uns Jakob Gapp durch die Augen eines Menschen zeigt, der damals aufseiten der Gegner, Richter und Henker stand und für diese auch arbeitete, also keinen persönlichen Vorteil daraus zog, Jakob Gapp hervorzuheben, indem er sein eigenes Handeln als Unrecht darstellt. Allerdings: „An einem solchen Mann kann selbst der Ungläubige nicht vorübergehen, ohne sich zu fragen, welche Kraft in ihm wirksam war und ihn getrieben hat bei seinem Tun für den Herrn."[158]

Näheres über die neun Monate bis zur Hinrichtung von Jakob Gapp wissen wir nicht; das liegt vor allem daran, dass für manche NS-Häftlinge rigorose Schreibverbote galten, die jedwede Korrespondenz untersagten. So kam es, dass weder die Familie von Jakob Gapp noch die Gesellschaft Mariä davon in Kenntnis gesetzt wurden, was zwischen 9. November 1942 (= Verhaftung) und 13. August 1943 (= Hinrichtung) mit Jakob Gapp geschehen war[159], und welche tiefgreifende Veränderung in ihm stattgefunden hatte: „In der Zeit meiner Haft hatte ich reichlich Zeit, über mein Leben nachzudenken. [...] ich betrachte mich noch als der S. M. zugehörig; ich erneuere meine Gelübde und opfere mich durch die Hände der lieben Himmelsmutter dem lieben Gott auf. [...] ich habe wohl Schweres durchgemacht, bin aber jetzt recht glücklich."[160] – Daraus spricht ein geläuterter Charakter, ein friedvolles Herz, ein klarer Geist, ein fester Glaube und eine Seele, die ihre Heimat endlich kennt: „Alles geht vorüber, nur der Himmel nicht."[161]

Nach den Verhören am 25. und 27. Januar 1943 im Hausgefängnis der Gestapo in Berlin, während denen Jakob Gapp einzig und allein auf sein Gewissen hörte und sich ganz der christlichen Wahrheit verschrieb, wurde am 8. März 1943 die Untersuchungshaft über ihn verhängt und er in die Haftanstalt des Kriminalgerichts Berlin-Moabit überstellt. Gleichzeitig begann sein Strafverfahren wegen Landesverrats, welches am 2. Juli 1943 unter dem Vorsitz von Hitlers Blutrichter, Karl Roland Freisler (1893–1945)[162], zur Hauptverhandlung kommen sollte. Nur eine Woche zuvor wurde sein Verteidiger bestellt und diesem die Anklageschrift zur Einsicht zugesandt.

Obwohl für den Gerichtstermin ein halber Tag einge-plant wurde, endete die Verhandlung bereits nach anderthalb Stunden, um 10:40 Uhr, mit dem unausweichlichen Todesurteil:

„Im Namen des deutschen Volkes.

In der Strafsache gegen den katholischen Geistlichen Jakob Georg Gapp […] hat der Volksgerichtshof […] für Recht erkannt:

Der Angeklagte Jakob Gapp hat jahrelang kurz vor dem Kriege und im Krieg bis Ende 1942 in Frankreich, Spanien und einem englischen Konsul gegenüber planmäßig und ab-sichtlich öffentlich und privat bei Freund und Feind gegen das nationalsozialistische Wesen seines eigenen, unseres deut-schen Volkes und Reiches gehetzt und unseren Kriegsfeinden dadurch geholfen; getragen von der volksverräterischen Ge-sinnung, der Sieg Deutschlands sei für uns ein größeres Un-glück als der Sieg Englands.[163]

Er wird deshalb mit dem Tode bestraft. Er ist für immer ehrlos.“[164]

Bei aller kaltblütigen Effektivität, welche die national-sozialistische Todesmaschinerie an den Tag legte, entgin-gen ihr dennoch die verschiedenen Zeichen des individu-ellen Widerstandes: So hatte zum Beispiel Jakob Gapp die Protokolle seiner Verhöre und alle amtlichen Schrei-ben danach jeweils mit „Georg“ unterzeichnet, obwohl er diesen Mittelnamen gar nicht führte, wurde dieser in manche Dokumente – sogar in das Todesurteil – über-nommen.

Damit nahm Jakob Gapp bewussten Bezug auf die Le-gende des heiligen Georg, der sowohl als Märtyrer während der letzten Christenverfolgung unter Kaiser Diokletian (Anfang des 4. Jahrhunderts) starb als auch in der Figur des Drachentöters zum Symbol im Kampf gegen das Böse wurde, und zeigte somit die Parallelen zur Zeit des Nati-onalsozialismus auf, in der ebenfalls die Bereitschaft zum Sterben sowie der Mut zu handeln gefragt waren: „Ich [= Jakob Gapp] will persönlich niemanden verpflichten, die gleiche Stellungnahme zu beziehen, die ich bezogen habe. Aber ich bin mir bewusst, dass es eine gewisse Anzahl von Priestern und Gläubigen geben müsse, die unter Hintan-setzung aller irdischen Interessen, der katholischen Wahr-heit Zeugnis zu suchen geben. Ich hätte mir persönlich immer den Vorwurf der Feigheit und Unmännlichkeit sowie der Halbheit machen müssen, wenn ich nicht so gehandelt hätte, wie ich gehandelt habe."[165]

Einen Tag nach der Urteilsverkündigung wurde Ja-kob Gapp, am 3. Juli 1943, in das Strafgefängnis Berlin-Plötzensee verlegt. Hier starben zwischen 1933 und 1945 über viertausend Menschen durch den Strang oder die Guillotine, wobei das Fallbeil seit 1937 die bevorzugte Hinrichtungsmethode war. Der Alltag der Gefangenen war von zwölfstündigem Arbeitsdienst, schlechter Ernäh-rung, mangelnder Hygiene und alltäglichen Misshand-lungen geprägt; die Aufseher zeichneten sich durch be-sondere Härte und Mitleidslosigkeit aus.[166]

In diesem menschenunwürdigen und lebensfeindlichen Umfeld bereitete sich Jakob Gapp auf seine Hinrichtung vor. Am 13. Juli 1943 verfasste er sein Testament, worin er über „alle meine Sachen" verfügte; gemeint waren damit sein Ordensring, sein Rosenkranz, sein Gebetsbuch und einige Kleidungsstücke wie sein Talar.[167] Nichts mehr besaß er außer seiner Häftlingsuniform. – Zu diesem Zeitpunkt wusste er bereits, dass sein formell eingebrachtes Gnadengesuch abgelehnt worden war und seine Hinrichtung kurz bevorstand. Diese wurde am 5. August 1943 durch den Reichsjustizminister, Otto Georg Thierack (1889–1946), beschlossen und sollte acht Tage später vollstreckt werden. Zudem wurde die Veröffentlichung der Todesnachricht bzw. die Herausgabe des Leichnams untersagt – „Die Leiche wird dem Anatomisch-biologischen Institut der Universität Berlin für wissenschaftliche Zwecke überwiesen"[168] –, um keinen Märtyrer zu schaffen: „[Man] ging davon aus, dass die Gemeinde [Wattens], aus der [Jakob Gapp] stammte, einen Wallfahrtsort machen könnte, wenn sein Leichnam in Tirol beerdigt und von der Gemeinde gepflegt wurde. Man fürchtete hier Schwierigkeiten in der Öffentlichkeit, wenn der Leichnam freigegeben werde. Bei dieser Entscheidung sind ganz bestimmt auch die örtlichen Polizeidienststellen befragt worden."[169]

Wieder war die Tötungsmaschinerie angelaufen, und nichts sollte dem Zufall überlassen werden; der Todesengel des Nationalsozialismus war ein akribischer Büroangestellter:

„*Termin der Eröffnung an den Verurteilten:*
Freitag, den 13. August 1943, ab 13 Uhr
Termin zur Hinrichtung:
Freitag, den 13. August 1943, ab 19 Uhr
Der Scharfrichter [Wilhelm] *Röttger* [1894–1946] *aus Berlin wird beauftragt, den rechtskräftig zum Tode verurteilten Jakob Gapp mit dem Fallbeil hinzurichten.*"[170]

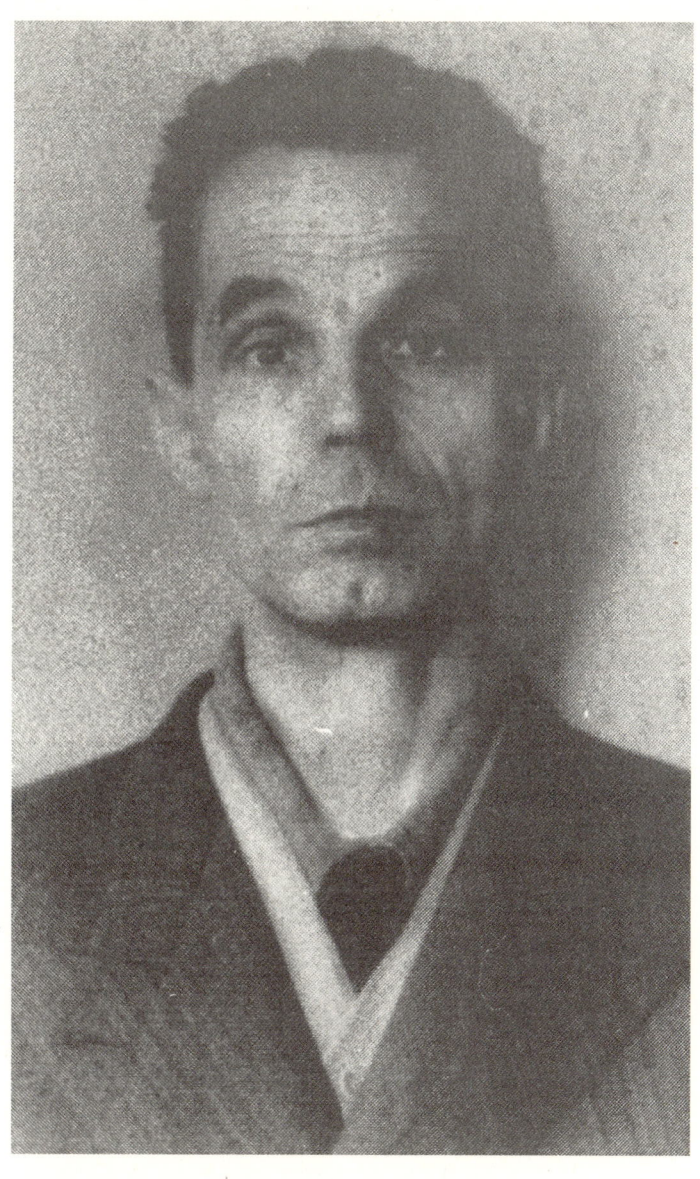

Gestapo-Aufnahme von Jakob Gapp (1943)

In den wenigen Stunden, die zwischen der Bekanntgabe und der Hinrichtung lagen, schrieb Jakob Gapp zwei Abschiedsbriefe; einer richtete sich an die Gesellschaft Mariä und einer an seine Familie. Aus beiden geht schlicht und ergreifend hervor, dass er versöhnt mit der Welt, aufrecht im Charakter und fest in seinem Glauben aus dem Leben schied: „Trauert nicht um mich! Ich bin restlos glücklich!"[171] – Der Gefängnisseelsorger, Peter Buchholz (1888–1963), der Jakob Gapp in seiner Zelle mehrmals besucht und ihm die heilige Kommunion gespendet hat, erinnerte sich später an den Diener Gottes: „Wenn ich Ihnen nun aus seinen letzten Wochen oder Tagen etwas sagen soll, so kann ich Ihnen versichern, dass er sein Schicksal mit bester Haltung trug und dem Tode mit aufrichtiger Ergebung in Gottes heiligen Willen, ja ich möchte sagen, mit einer gewissen Freudigkeit entgegensah. Die [oftmalige] heilige Kommunion gab ihm die Gewissheit, dass er mit Gott für Leben und Tod verbunden war und bald in Gottes ewigen Frieden und ewige Seligkeit eingehen sollte. So war der Tod für ihn keine schmerzliche Trennung von der Erde, sondern ein freudiger Hingang zu Gott. [...] Ich glaube, wir brauchen nicht für ihn zu beten, sondern wir können durch ihn Gott bitten, dass er uns zu einer seligen Sterbestunde Kraft und Gnade gebe."[172]

Pater Jakob Gapp starb am 13. August 1943, um 19:08 Uhr: „Der Verurteilte, der ruhig und gefasst war, ließ sich ohne Widerstreben auf das Fallbeilgerät legen, worauf der Scharfrichter die Enthauptung mit dem Fallbeil ausführte und sodann meldete, dass das Urteil vollstreckt sei. Die Vollstreckung dauerte von der Vorführung bis zur Vollzugsmeldung neun Sekunden."[173]

6. Stephanus von Tirol (1943–2022)

Kein Mensch will sterben. Aber es gibt entscheidende Lebenssituationen, in denen der Tod nicht als Räuber und Vernichter des irdischen Daseins angesehen wird, sondern als Verbündeter im Erreichen eines höheren Zieles: Das Martyrium ist jener Glaubensakt, bei dem die Passion Christi im Absoluten nachvollzogen wird. Dabei ist der freiwillig geleistete Opfertod jedoch nicht mit einer Abart der Selbsttötung gleichzusetzen, weil die Blutzeugen nicht ihr Leben hassen und daraus entfliehen möchten, sondern ihren Glauben und das damit verbundene Erlösungsversprechen von Herzen lieben, und welches sie mit ihrem Tod, der über sie selbst hinausweist, vor und für alle Welt offenkundig machen. Die Märtyrer fürchten daher nicht den eigenen Tod als Ende ihres irdischen Lebens, sondern wissen um dessen einzigartige Bedeutung am Beginn des ewigen Lebens in Jesus Christus, gemeinsam mit dessen Nachfolgern.[174]

Die Geschichte kennt unzählige Männer und Frauen, welche auf diese Weise ihr Leben ließen, ohne tatsächlich zu sterben. Wir verehren sie als Selige und Heilige der römisch-katholischen Kirche und rufen sie als Fürsprecher in Zeiten der Not, des Zweifels und der Mutlosigkeit an. Ihre Namen sind uns (meist) vertraut, ihre Leiden und Bekenntnisse dienen uns als Vorbild und zur Inspiration. Sie alle eint der feste Glaube an den liebenden Gott, ohne den es sich nicht zu leben, aber für den es sich zu sterben lohnt.

Allen voran der heilige Stephanus; der erste Märtyrer in der Nachfolge Christi: „Ein Mann voll Glaubens und Heiligen Geistes."[175] Ebenso wortgewandt wie mutig, indem er sich gegen die vorherrschende (religiöse sowie politische) Meinung aufgelehnt hat und der wachsenden Bedrohung durch seine Gegner klaglos standhielt, ja, sogar für sie betete: „Herr, rechne ihnen diese Sünde [= Steinigung] nicht an."[176] – Derselbe Geist wirkte auch stark in Jakob Gapp, der rund tausendneunhundert Jahre später gleichermaßen gefestigt und versöhnt als Zeuge der Wahrheit in den sicheren Tod ging: „Mir geht es ausschließlich und allein um religiöse Dinge und um die Erhaltung des christlichen Glaubens, den ich für den einzigen richtigen halte. [...] Lebt brav und leidet alles aus Liebe zu Gott, damit wir uns im Himmel wiedersehen."[177]

***

Das Verständnis für Jakob Gapp als Märtyrer bzw. Glaubenszeuge wuchs nur allmählich heran. Dafür verantwortlich waren zum einen die lange Unkenntnis über sein tödliches Schicksal, zum anderen sein unbestimmtes Verhältnis zur Gesellschaft Mariä[178] und nicht zuletzt das Bemühen des Staates sowie der katholischen Kirche, nach Kriegsende (1945) verstärkt in die Zukunft zu blicken und die Vergangenheit ruhen zu lassen, indem man u. a. zwar eine allgemeine, aber keine Einzelschuld konstatierte, bzw. die Versöhnung gegenüber der Rache und den Vergeltungsmaßnahmen als christliche Pflicht zur Nächstenliebe betonte. – Es gab nur wenige Stimmen, die eine andere Gangart einforderten und Täter und Opfer beim Namen nennen wollten; das große Einverständnis lautete jedoch auf Verdrängen, Vergessen und Verzeihen, was in der Folge auch ein Blindstellen vor dem Martyrium zahlreicher Gläubiger war.[179]

Kurzzeitig wurde der Abschiedsbrief von Jakob Gapp an seine Familie – „Teilt allen Angehörigen meinen Tod mit!"[180] – in Kopie verbreitet, und gaben die Parte bzw. das Totenbildchen Auskunft über sein Leben. Bemerkenswert ist dabei das Datum der Veröffentlichungen: Juni 1945, also fast zwei Jahre nach der Hinrichtung von Jakob Gapp; so lange hatte es gedauert, um alle Einzelheiten seines Todes zu erfahren.

Am 13. August 1946 gab es dann einen ersten Artikel über Jakob Gapp in den „Tiroler Nachrichten", in welchem er als „Blutzeuge Österreichs" benannt und gewürdigt wird:

„So steht dieses Opfer des Nationalsozialismus vor uns als aufrechter Held, als unbeugsamer Charakter, als leuchtendes Vorbild! Um Gott und seinem Volk zu dienen, war er bereit, alles, selbst sein Leben zum Opfer zu bringen."[181]

Danach versinkt das Andenken an Jakob Gapp – vor allem aus den oben genannten Gründen – im Schweigen und es vergehen rund zehn Jahre, bis er in Österreich wiederentdeckt und in seiner Bedeutung vollkommen erkannt wird.[182] Ein maßgeblicher Anstoß dafür kam aus Deutschland, wo sich der Priester und Publizist Walter Adolph (1902–1975)[183] um die Erinnerung an die NS-Blutzeugen bemüht hat; in seinem wegweisenden Buch „Im Schatten des Galgens" von 1953 erwähnte er bereits das Martyrium von Jakob Gapp, über dessen genaue Todesumstände sogar seiner Familie noch nicht alles bekannt war:

„Ich [= Walter Adolph] *bin froh, dass ich Ihre* [= Josef Gapp] *Unwissenheit über das ‚Verbrechen', das Ihr Bruder begangen hat, beseitigen kann.*

Ihr Bruder hat als katholischer Priester klar erkannt, dass

73

*der Nationalsozialismus als Instrument des Antichrist wirkt,
und er hat diese seine durch und durch begründete Ansicht
geäußert. Als Landesverräter hat ihn der Blutrichter Dr. Roland Freisler verurteilt und aufs Schafott geschickt. [...]*

*Alle Priester und Laien, die sich aus Ihrem christlichen Ge-
wissen gegen die gottlose Barbarei des Nationalsozialismus
wandten, wurden als Hochverräter oder Landesverräter ge-
brandmarkt. In Wirklichkeit sind sie gestorben als Zeugen
für ihren Glauben und als Vorkämpfer für wahre Mensch-
lichkeit. [...]*

*Wir können nur wünschen, dass wir in der gleichen Be-
reitschaft und in der gleichen Gesinnung einmal unser Leben
abschließen dürfen."*[184]

Zur gleichen Zeit begann auch innerhalb der Gesellschaft
Mariä das Interesse an dem ehemaligen Enfant terrible zu
wachsen, und erste Nachforschungen begannen.[185] Eine
größere Resonanz erfuhr Jakob Gapp, 1957, während des
100-Jahr-Jubiläums der Marianisten in Österreich; in der
dazu erschienen Gedenkschrift werden sein Leben, seine
Schwierigkeiten, sein Glaube und sein Martyrium, aber
auch der beklagenswerte Umgang seiner Mitbrüder mit
ihm in einem Artikel von Josef Leibold (1911–1977) the-
matisiert:

*„So hätte P. Gapp lange Jahre segensreich unter uns wirken
können. Aber im verhängnisvollen Jahre 1938 wurde dieser
Granitmensch zu einem Stein des Anstoßes. Er wuchs über
das Gewöhnliche hinaus, seine unbeugsame Gewissenstreue
trieb ihn auf eine qualvolle Odyssee, die erst durch Henkers-
hand am 13. August 1943 in Berlin endete. Wo sein Gewissen sprach, ging er rücksichtslos seinen Weg. Herr Gapp ist
sicherlich kein Märtyrer der Klugheit. [...]*

Da kam nach seinem Tode dieser herrliche Abschiedsbrief,
der die Reife seiner Seele, die Stärke seines Glaubens und die
Kindlichkeit seiner Frömmigkeit offenbart. In ihm hat sich
[Jakob] Gapp ein Denkmal gesetzt, neben dem alle Mängel
seines Lebens verschwinden. Dieser Brief ist sein letztes Wort.
[…]
Nein, wir brauchen uns unseres Mitbruders Jakob Gapp
nicht zu schämen. Gott hat deutlich für ihn gesprochen."[186]

Seitdem sind das Bewusstsein und die Anerkennung für
das Opfer vieler Christinnen und Christen im Nationalsozialismus gewachsen[187], und neben den Würdigungen
durch Politik und Gesellschaft kam es in manchen Fällen
auch zu Selig- bzw. Heiligsprechungen, u. a.: hl. Maximilian Kolbe (1894–1941), hl. Edith Stein (1891–1942),
Sel. Maria Restituta Kafka (1894–1943), Sel. Franz Jägerstätter (1907–1943), Sel. Johannes Prassek (1911–1943),
Sel. Eduard Müller (1911–1943), Sel. Hermann Lange
(1912–1943), Sel. Carl Lampert (1894–1944), Sel. Josef Mayr-Nusser (1910–1945), Sel. Engelmar Unzeitig
(1911–1945), Sel. Karl Leisner (1915–1945). – Ihnen
und allen unbekannten Märtyrern und Märtyrerinnen
sollte unsere Dankbarkeit und unser Respekt gelten,
denn sie haben in einer dunklen Zeit der Menschheits-
geschichte einen Lichtblick der Hoffnung, der Zuversicht
und der Nächstenliebe gegeben, ohne dabei ihr eigenes
Wohl oder Leben höher zu schätzen als die Wahrheit, für
die sie eingetreten sind.

Gleiches galt und gilt für Pater Jakob Gapp, der am 24.
November 1996, gemeinsam mit dem Tiroler Märtyrerpfarrer Otto Neururer, in Rom seliggesprochen wurde.
Papst Johannes Paul II. (eigentlich: Karol Wojtyła, 1920–
2005) sagte in seiner Ansprache, die Priester seien für die

Wahrheit eingetreten; beide hätten Zeugnis abgelegt, auf sich allein gestellt, verlassen, verhöhnt, wehrlos, aber treu bis in den Tod. Darum falle in dieser Stunde der Seligsprechung „ein Strahl des ewigen Königtums Christi auf diese beiden Blutzeugen. Sie sitzen mit Christus auf dem Thron, wegen ihres Zeugnisses für kompromisslose Treue zur Wahrheit Jesu."[188]

Für diese unerschütterliche Treue im Glauben und seine beispielhafte wie beispielgebende Zivilcourage ist Jakob Gapp – der Priester, der Ordensmann, der unbequeme Mahner und Märtyrer Jesu Christi – über die Jahre zu einem modernen Seligen geworden, dessen Botschaft so einfach wie herausfordernd lautet: „Mut! Heilandsliebe!"[189]

Nachwort und Dank des Verfassers

Am Tag, bevor ich dieses Lebensbild des seligen Märtyrer-
paters zu schreiben begann, ging ich am Besinnungsweg
von Absam nach Gnadenwald. Gleich zu Anfang kam
ich zu einer Station mit dem Titel „aufrecht" und einem
mannshohen Felsblock als Symbol. Dabei fiel mir auf,
dass dieses massive Gestein nicht nur auf einem stähler-
nen Sockel errichtet wurde, sondern auch direkt an einer
Murbahn steht. – Dieses Bild hat sich mir eingeprägt und
ist für mich Sinnbild des Charakters, Lebens und Sterbens
von Pater Jakob Gapp geworden. Weswegen? Weil Jakob
Gapp standhaft und aufrecht geblieben ist, während sich
die Welt und viele mit ihr haben mitreißen und verführen
lassen; weil er, wie nur wenige andere, erkannt hat, dass
der Nationalsozialismus eine zerstörerische und gewalttä-
tige Kraft ist, die sich nicht und niemals mit der Liebes-
lehre Jesu Christi, des menschgewordenen Gottessohnes,
vereinbaren lässt, sondern dass diese, als heilbringende
Frohbotschaft, immer und ewig gegen die menschenver-
achtenden Hasspredigten der Nazis und anderer, gleich-
wertiger Ideologie angehen wird. – Es war dieses so gelei-
tete Denken und Handeln, das Jakob Gapp ausgemacht
hat und zum Bekenner werden ließ; zum Blutzeugen für
eine Wahrheit, an die er felsenfest glaubte und für die er
mit allem, was er zu bieten hatte, einstehen wollte. Ohne
Zweifel war und ist Jakob Gapp ein aufrechter Felsblock,
ein Granitmensch, ein ehernes Vorbild. Und es ist für
mich eine weitere Überlegung wert, ob nicht Jesus Christus, als er seine Kirche gegründet hat, Menschen wie den
seligen Jakob Gapp berufen hat, als er sagte: „Auf diesen
Felsen werde ich meine Kirche bauen, und die Pforten der
Unterwelt werden sie nicht überwältigen."[190]

Für die Unterstützung meiner Arbeit möchte ich danken: Erzbischof emeritus Alois Kothgasser SDB, Erzbischof Franz Lackner OFM, Josef Grünstäudl SM, Franz Stocker, Josef Rudiferia, Philipp Lehar, Iñigo Beirer und nicht zuletzt meiner Familie: Carina, Aldo und Elsie, sowie allen, die mir mit Rat und Tat zur Seite standen. Vergelt's Gott!

Martin Kolozs

ANHANG

Zeittafel

10. April 1888 Heirat der Eltern Martin Gapp aus Aldrans (1853–1918) und Antonia Wach aus Terfens (1858–1933) in der Servitenkirche, Innsbruck

26. Juli 1897 Geburt von Jakob Gapp (= J. G.) als achtes und letztes Kind der Eheleute Martin und Antonia Gapp; Geschwister: Johann Baptist (1881–1953), Maria (1888–1951), Johanna (1889–?), Franz (1890–1953), Stefan (1891–1892), Josef (1893–1968), Juliana Lucia (1895–1971)

27. Juli 1897 Taufe in der ehemaligen Pfarrkirche zum heiligen Laurentius in Wattens durch Pfarrer Josef Fuchs (1848–1908); Pate: Josef Gapp (1860–1931)

1904 bis 1910 Besuch der Volksschule in Wattens; Erstkommunion in der ehemaligen Pfarrkirche in Wattens durch Pfarrer Josef Schileo (1866–1949)

3. Juni 1908 Firmung in der Probsteikirche Sankt Jakob zu Innsbruck durch Fürstbischof Josef Altenweisel (1851–1912)

1910 bis 1915 Besuch des Franziskanergymnasiums in Hall in Tirol

28. Juli 1914 Beginn des Ersten Weltkrieges

24. Mai 1915 Immatrikulation als Freiwilliger bei den Tiroler Standschützen (Bataillon II, Innsbruck II) in Hall in Tirol; Charge: Unterjäger

4. April 1916 Verwundung an der Südfront

19. August 1916 Auszeichnung mit der Silbernen Tapferkeitsmedaille, 2. Klasse

12. September 1918 Tod des Vaters

4. November 1918 Kriegsgefangenschaft bei Riva (Trentino)

11. November 1918 Ende des Ersten Weltkrieges

18. August 1919 Heimkehr aus der italienischen Kriegsgefangenschaft

21. Mai 1920 Kriegsreifeprüfung

26. Juni 1920 Sittenzeugnis zum Eintritt von J. G. in die Gesellschaft Mariä, ausgestellt von Alois Gfall (1874–1962), Pfarrer von Wattens

13. August 1920 Postulat bei den Marianisten, Greisinghof

26. September 1920 Beginn des Noviziats ebendort

27. September 1921 Ablegung der zeitlichen Gelübde ebendort

1921 bis 1925 Präfekt am Marieninstitut in Graz; Studium der Philosophie

1925 bis 1930 Priesterseminar und Studium in Fribourg, Schweiz

27. August 1925 Ablegung der ewigen Gelübde in Antony, Hauts-de-Seine, nach 21-tägigen Exerzitien; Eintritt ins Priesterseminar der Marianisten in Fribourg

11. März 1927 Tonsur ebendort

12. März 1927 Weihen zum Ostiariat und Lektor

3. März 1928 Weihen zum Exorzist und Akolyth

16. März 1929 Weihe zum Subdiakon in der Kathedrale Sankt Nikolaus zu Fribourg

14. Juli 1929 Weihe zum Diakon ebendort durch Missionsbischof Ange-Marie-Paul Hiral OFM (1871–1952)

5. April 1930 Priesterweihe ebendort durch Bischof Marius Besson (1876–1945)

6. April 1930 Primiz in der Kapelle der Villa Saint-Jean

20. Juli 1930 Heimatprimiz in der ehemaligen Pfarrkirche in Wattens

14. September 1930 NSDAP wird zur zweitstärksten Kraft im Deutschen Reichstag

1930 bis 1931 Präfekt und Spiritual am Marianum, Freistadt; Lehrbefähigungsprüfung

1931 bis 1934 Religionslehrer und Spiritual der Ordensschule und des -internats der Marianisten in Lanzenkirchen

21. Januar 1933 Hirtenbrief „Über den wahren und falschen Nationalismus" des Linzer Bischofs Johannes Maria Gföllner (1867–1941)

30. Januar 1933 Machtergreifung der Nationalsozialisten im Deutschen Reich

21. März 1933 Tod der Mutter

20. Juli 1933 Abschluss des Reichskonkordats

1934 bis 1938 Spiritual und Lehrer am Marieninstitut in
Graz; Auseinandersetzung mit dem Nationalsozialismus

Juli 1936 bis Juni 1977 Franco-Regime in Spanien; ab 1939
diktatorisch, nach faschistischem Vorbild

21. März 1937 Veröffentlichung der Enzyklika „Mit brennender Sorge" von Papst Pius XI. (eigentlich: Achille Ratti,
1857–1939)

13. März 1938 „Anschluss" Österreichs an das nationalsozialistische Deutsche Reich

März bis Juli 1938 Aufenthalt am Marianum, Freistadt

Juli bis August 1938 Rückzug zur Verwandtschaft nach
Tirol

September bis November 1938 Kooperator in der Pfarre Breitenwang bei Dekan Alois Mauracher (1884-1960) und Ka-
techet in der Volks- und Hauptschule von Reutte, bis zum
Lehrverbot durch die NS-Schulbehörde

11. Dezember 1938 Folgenschwere Predigt gegen den Nationalsozialismus in der ehemaligen Pfarrkirche in Wattens;
Rückzug nach Terfens

21. Januar 1939 Visum zur Ausreise nach Frankreich

Februar bis Mai 1939 Tätigkeit an der Ordensniederlassung
in Bordeaux

Mai 1939 bis November 1942 Lehrtätigkeit an mehreren Or-
ten in Spanien; Bespitzelung durch NS-Agenten

1. September 1939 Beginn des Zweiten Weltkrieges

30. Mai 1940 Tod des Tiroler Märtyrerpriesters Otto Neururer im KZ Buchenwald; geboren 1882, seliggesprochen
1996 mit J. G.

22. Juni 1940 Besetzung Frankreichs durch das nationalsozialistische Deutsche Reich; Vichy-Regime bis 24. August
1944

9. November 1942 Verhaftung in Hendaye an der spanisch-
französischen Grenze durch Gestapo und Überstellung ins
Hausgefängnis der Gestapo-Zentrale in Berlin

Januar bis Juli 1943 Verhöre und Untersuchungshaft

8. März 1943 Überstellung in die Haftanstalt Berlin-Moabit

2. Juli 1943 Gerichtsverfahren und Todesurteil am Volksgerichtshof, Berlin

3. Juli 1943 Überstellung in das Strafgefängnis Berlin-Plötzensee, Haus III, Abteilung 6, Zelle 232

13. Juli 1943 Letzter Wille; darin überlässt J. G. seinen Besitz dem „katholischen Anstaltsgeistlichen […] zur freien Verfügung"

13. August 1943 Hinrichtung in Berlin-Plötzensee; Übergabe der Leiche an das Anatomisch-biologische Institut der Universität Berlin für Lehr- und Forschungszwecke

8. Mai 1945 Ende des Zweiten Weltkrieges

13. August 1945 Fünfundzwanzig Jahre J. G. und Gesellschaft Mariä

13. August 1946 Erster nachweisbarer Zeitungsartikel über J. G. in den „Tiroler Nachrichten", Nr. 173, S. 3; ab jetzt wird es fast noch ein Jahrzehnt dauern, bis die Auseinandersetzung mit J. G. und seinem Glaubenszeugnis anhaltend beginnt

15. Februar 1951 Tod von Schwester Maria

13. Januar 1953 Tod von Bruder Johannes Baptist

11. Juli 1953 Tod von Bruder Franz

14. November 1960 Zufälliger Fund des originalen Volksgerichtshof-Aktes mit Todesurteil von J. G. in Berlin-Kreuzberg

27. Juni 1968 Tod von Bruder Josef

13. August 1968 Fünfundzwanzigster Todestag von J. G.

13. August 1970 Siebzig Jahre J. G. und Gesellschaft Mariä

18. März 1973 Tod von Schwester Juliana Lucia

11. Februar 1983 Enthüllung einer Gedenktafel für die ehemaligen Schüler und Märtyrer des Franziskanergymnasiums in Hall in Tirol mit der Erwähnung von J. G.

13. August 1983 Enthüllung einer Gedenktafel an der ehemaligen Pfarrkirche in Wattens

26. Juni 1987 Eröffnung des Seligsprechungsprozesses von J. G. durch die Erzdiözese Wien

13. August 1993 Fünfzigster Todestag von J. G.

6. April 1995 Dekret über das Martyrium; gegeben durch die Kongregation für Selig- und Heiligsprechungen, Rom

13. August 1995 Fünfundsiebzig Jahre J. G. und Gesellschaft Mariä

1996 bis 1997 Errichtung und Eröffnung des Pater-Jakob-Gapp-Kreuzweges zwischen Wattens und Wattenberg mit alljährlicher Gedenkwallfahrt; Benennung der Jakob-Gapp-Straße in Reutte; Theaterstück „Der Granitblock – Pater Jakob Gapp, der Rebell in der Soutane"

29. Juli 1996 Aufhebung des Todesurteils über J. G. durch das Landesgericht Berlin, 17. Strafkammer; Geschäftsnummer: 517 AR 8/96 bzw. 2 P Aufh. 3/96

24. November 1996 Seligsprechung von J. G. durch Papst Johannes Paul II. (eigentlich: Karol Wojtyła, 1920–2005) in Rom, Vatikanstadt; liturgischer Gedenktag: 13. August

29. November 1996 Enthüllung einer Gedenktafel für J. G. in Lanzenkirchen

26. Juli 1997 Einhundertster Geburtstag; Einweihung einer Gedenkstätte für J. G. in der ehemaligen Pfarrkirche in Wattens; Enthüllung einer Erinnerungstafel am Ort des Geburtshauses von J. G. in Wattens, Werkbachgasse

13. August 1997 Einweihung eines Denkmals für J. G. von Künstler Herbert Friedl (1943–2018) am Greisinghof (Tragwein) durch Bischof Maximilian Aichern OSB (geb. 1932)

2005 bis 2006 Stiftung des Jakob-Gapp-Preises durch Bischof Manfred Scheuer (geb. 1955); Theaterstück „Kreuz und Quer – Pater Jakob Gapp", Auftragswerk des Arbeitskreises Jakob Gapp der KAB Tirol

27. Oktober 2015 Enthüllung einer Gedenktafel der Gruppe 40 – Nationale Gedenkstätte der WiderstandskämpferInnen gegen das NS-Regime am Wiener Zentralfriedhof mit der Erwähnung von J. G.

13. August 2018 Fünfundsiebzigster Todestag von J. G.

9. November 2018 Einweihung einer Gedenkstätte im Gymnasium Kirchengasse, Graz

15. Juli 2020 Verlegung eines „Stolperstein"-Mahnmals für J. G. vor der ehemaligen Pfarrkirche in Wattens

13. August 2020 Einhundert Jahre J. G. und Gesellschaft Mariä

22. Oktober 2020 Verlegung eines „Stolperstein"-Mahnmals für J. G. in Graz, Kirchengasse 1

24. November 2021 Fünfundzwanzigster Gedenktag der Seligsprechung von J. G.

26. Juli 2022 Einhundertfünfundzwanzigster Geburtstag von J. G.

13. August 2023 Achtzigster Todestag von J. G.

Auer, Herbert J.: Wattens – Von der Agrargemeinde zum Arbeiterdorf (= Dissertation); Innsbruck 1988

Aufschnaiter, Franz: Marktgemeinde Wattens 1985 (= Festschrift zur Markterhebung); Innsbruck 1985

Bons, Joachim: Nationalismus und Arbeiterfrage – Zu den Motiven, Inhalten und Wirkungsgründen nationalsozialistischer Arbeiterpolitik vor 1933; Pfaffenweiler 1995

Dokumentationsarchiv des österreichischen Widerstandes (Hrsg.): Widerstand und Verfolgung in Tirol 1938–1945, Band 2; Wien 1984

Eisterer, Klaus / Steiniger, Rolf (Hrsg.): Tirol und der Erste Weltkrieg (= Innsbrucker Forschungen zur Zeitgeschichte, Band 12); Innsbruck 2011

Feichtinger, Josef: Kämpfen für das Heiligste – Tiroler Stimmen zum Ersten Weltkrieg; Bozen 2013

Gäck-Marx, Elfriede: Historische Streifzüge durch Wattens; Volders o. J.

Glaise-Horstenau, Edmund (Hrsg.): Österreich-Ungarns letzter Krieg 1914–1918, Bände I–VII; Wien 1930–1939

Gundlach, Anton / Panzer, Albert: Peter Buchholz – Der Seelsorger von Plötzensee; Meitingen 1964

Holzner, Johann et al. (Red.): Zeugen des Widerstandes – Eine Dokumentation über die Opfer des Nationalsozialismus in Nord-, Ost- und Südtirol von 1938 bis 1945; Innsbruck 1977

Hormayr, Gisela: Wenn ich wenigstens von euch Abschied nehmen könnte – Letzte Briefe und Aufzeichnungen von Tiroler NS-Opfern aus der Haft (= Studien zu Geschichte und Politik, Band 20); Innsbruck 2017

Hormayr, Gisela: Die Zukunft wird unser Sterben einmal anders beleuchten – Opfer des katholisch-konservativen Widerstands in Tirol 1938–1945 (= Studien zu Geschichte und Politik, Band 17); Innsbruck 2015

Hormayr, Gisela: Ich sterbe stolz und aufrecht – Tiroler So-
zialistInnen und KommunistInnen im Widerstand gegen
Hitler (= Studien zu Geschichte und Politik, Band 15);
Innsbruck 2012

Humer, Hanns / Kunzenmann, Werner: Große Gestalten der
Kirche in Tirol; Innsbruck 2000

Kempner, Benedikta Maria: Priester vor Hitlers Tribunalen;
München 1966

Kolozs, Martin: Die Bischöfe von Innsbruck – Paulus Rusch,
Reinhold Stecher, Alois Kothgasser, Manfred Scheuer, Hermann Glettler; Innsbruck 2018

Levit, Josef: Pater Jakob Gapp SM – Ein Märtyrer des Glaubens; Innsbruck 1996

Levit, Josef: Jakob Gapp – Ich will ein guter Priester sein;
Stetten 1990

Levit, Josef: Jakob Gapp – Zeuge seines Glaubens; Innsbruck/
Wien 1988

Lipp, Richard: Kirchengeschichte Breitenwang und Reutte –
Von den Anfängen bis zur Gegenwart; Reute 2014

Nagy, Ladislaus: Ring der Treue – Das Lebensopfer des Märtyrers, des Seligen P. Jakob Gapp SM; o. O. u. J.

Niewiadomski, Józef / Siebenrock, Roman (Hrsg.): Opfer,
Helden, Märtyrer – Das Martyrium als religionspolitologi-
sche Herausforderung; Innsbruck 2011

Oleschinski, Brigitte: Gedenkstätte Plötzensee; Berlin 1995

Pohanka, Reinhard: Das große Buch der Heiligen und Seligen
Österreichs und Südtirols; Innsbruck 2011

Roth, Paul Werner: Soldatenheilige; Wien 1993

Schafranek, Hans: Widerstand und Verrat – Gestapospitzel
im antifaschistischen Untergrund; Wien 2017

Scheuer, Manfred: Kraft zum Widerstand – Glaubenszeugen
im Nationalsozialismus; Innsbruck 2017

Schreiber, Horst: Die Machtübernahme – Die Nationalsozialisten in Tirol 1938/39 (= Innsbrucker Forschungen zur
Zeitgeschichte, Band 10); Innsbruck 2013

Schreiber, Horst: Nationalsozialismus und Faschismus in Tirol und Südtirol (= Tiroler Studien zu Geschichte und Politik, Band 8); Innsbruck 2008

Siebenrock, Roman: Christliches Martyrium – Worum es geht; Innsbruck 2009

Steinmaßl, Franz: Das Hakenkreuz im Hügelland – Nationalsozialismus, Widerstand und Verfolgung im Bezirk Freistadt 1938–1945; Grünbach 1988

Strohmeyr, Armin: Glaubenszeugen der Moderne – Die Heiligen und Seligen des 20. und 21. Jahrhunderts; Mannheim 2010

Walter, Adolph: Im Schatten des Galgens; Berlin 1953

Quellen

Tiroler Landesarchiv / Innsbruck

Tiroler Landesmuseum – Bibliothek / Innsbruck

Provinzarchiv der Marianisten – Greisinghof / Tragwein

Österreichisches Staatsarchiv – Kriegsarchiv / Wien

Österreichische Nationalbibliothek / Wien

Dokumentationsarchiv des österreichischen Widerstandes / Wien

International Center on Nazi Persecution / Bad Arolsen

ARGE der österreichischen Diözesanarchive / online

Diverse Pfarr-, Schul- bzw. Gemeindearchive / Wattens, Hall in Tirol, Innsbruck

Anmerkungen

1 Ansprache anlässlich der Seligsprechung von J. G., am 25. November 1996 im Vatikan

2 Predigt anlässlich des diözesanen Gedenktages von J. G., am 13. August 2005 in Wattens

3 Vgl. 26. Juli 1897: Innsbrucker Nachrichten, S. 1 u. 3; Salzburger Chronik, S. 1–2; Wiener neueste Nachrichten, S. 5; Wiener Abendpost, S. 1; Neues Wiener Tagblatt, S. 3; Mittagsblatt der Arbeiter Zeitung, S. 3

4 Vgl. Papst Johannes Paul II., Centesimus annus, Enzyklika; Rom, 1. Mai 1991

5 Brief von J. G. an P. Franz Josef Jung, am 4. Dezember 1937; in: Positio Super Martyrio (dt. Texte)

6 Beurteilung von J. G. durch P. Franz Josef Jung, am 21. Dezember 1931; in: Positio Super Martyrio (dt. Texte)

7 Vgl. Personalblatt von J. G.; in: Positio Super Martyrio (dt. Texte)

8 Brief von J. G. an Olga Steinlechner, am 1. Mai 1939; in: Positio Super Martyrio (dt. Texte)

9 Vgl. Anhang, Zeittafel

10 Wo genau, konnte trotz eingehender Recherche in den Firmenarchiven nicht verifiziert werden; die zugänglichen Quellen weisen sowohl die hiesige Papierfabrik als auch die Swarovski-Werke als Arbeitgeber aus; vgl. (1) Hummer/Kunzenmann, Große Gestalten der Kirche in Tirol, S. 32, (2) Levit, Ein Märtyrer des Glaubens, S. 9, (3) Gäck-Marx, Historische Streifzüge durch Wattens, S. 34

11 Levit, Ein Märtyrer des Glaubens, S. 9 f.; vgl. Aussage von Marianne Oberauer im Diözesanprozess, S. 5, Pkt. 2.1.8. u. 2.1.5.: „Meine Mutter [Maria Gapp] erzählte mir einmal, dass Martin Gapp, also der Vater Jakob Gapps, drei Kreuzer am Tag verdiente. Es muss ein schrecklich ärmliches Leben in der Familie Gapp gewesen sein. Die Mutter [Antonia Gapp] hatte nicht einmal eine eigene Küche, was auch für die damalige Zeit undenkbar war"; in: Positio Super Martyrio (dt. Texte)

12 Nagy, Ring der Treue, S. 19

13 (1) Brief von J. G. an P. Franz Josef Jung, am 6. März 1939, (2) Brief von J. G. an Josef Gapp, am 16. März 1939; in: Positio Super Martyrio (dt. Texte)

14 Wirkte in Wattens von 1887 bis 1902; vgl. 100 Jahre Pfarre Wattens 1891–1991, S. 28

15 In die Volksschulzeit von J. G. in Wattens fiel die Übersiedlung der VS aus dem Rosenwirtshaus (heute: Gemeindeamt) in die VS am Kirchplatz, die am 21. November 1909 eingeweiht wurde; dort befindet sich, bis heute, die zwischen 1961 und 1964 aus- bzw. umgebaute VS des Ortes; Direktoren waren damals Walter Müller und sein Nachfolger Konrad Winkler

16 Wirkte in Wattens von 1902 bis 1912; vgl. Levit, Ein Märtyrer des Glaubens, S. 12

17 Lt. Volkszählung von 1890; vgl. Auer, Wattens, S. 143–153

18 Brief von J. G. an P. Ernest Joseph Sorret, Graz 1924; in: Positio Super Martyrio (dt. Texte); vgl. (1) Levit, Zeuge seines Glaubens, S. 10; (2) Levit, Ein Märtyrer des Glaubens, S. 12

19 In der ersten, vierten und fünften Klasse wohnte J. G. als Koststudent unter verschiedenen Adressen; in der zweiten und dritten Klasse war er Interner des Leopoldinums; vgl. Schulbesuchsbestätigung des Gymnasiums der Franziskaner in Hall i. T.; in: Positio Super Martyrio (dt. Texte)

20 Vgl. (1) Levit, Zeuge seines Glaubens, S. 11; (2) Levit, Ein Märtyrer des Glaubens, S. 13

21 Im Gymnasium lernte er Italienisch, im Orden Französisch und Spanisch

22 Schulbesuchsbestätigung des Gymnasiums der Franziskaner in Hall i. T.; in: Positio Super Martyrio (dt. Texte)

23 Eingerückt am 10. September 1915 in Hall i. T., zwei Wochen vor J. G.; vgl. Standschützen Grundbuch Innsbruck, Abteilung II, Blatt 46; interessant ist in diesem Zusammenhang, dass Franz Gapp einen vollkommen an-

deren Lebensweg als sein jüngerer Bruder J. G. beschritt; er wandte sich aus Überzeugung dem Nationalsozialismus zu und trat 1942 aus der römisch-katholischen Kirche aus, jedoch kurz vor seinem Tod wieder ein

24 Vgl. (1) Feichtinger, Kämpfen für das Heiligste, S. 9–12; (2) Eisterer/Steininger (Hrsg.), Tirol und der Erste Weltkrieg, S. 10 f. u. S. 61–104

25 Schulbesuchsbestätigung des Gymnasiums der Franziskaner in Hall i. T.; in: Positio Super Martyrio (dt. Texte)

26 Standschützen Grundbuch Innsbruck, Abteilung II, Blatt 46, Nr. 316; dort mit falschem Geburtsjahr „1898"; vgl. (1) Eisterer/Steininger (Hrsg.), Tirol und der Erste Weltkrieg, S. 27–60; (2) Aussage von Dr. Martin Hroschek im Diözesanprozess, S. 3, Pkt. 1.4.4.; in: Positio Super Martyrio (dt. Texte): „So erzählte [J. G.], dass er als junger Soldat an der italienischen Front während des Ersten Weltkrieges gewesen sei. Sein Bericht hatte aber nichts von einem miles gloriosus [prahlerischer Soldat] an sich, sondern klang sachlich und wahr."

27 Brief von J. G. an P. Ernest Joseph Sorret, Graz 1924; in: Positio Super Martyrio (dt. Texte); J. G. bezieht sich darin auf den Beginn seines Noviziates in der Gesellschaft Mariä, im September 1920, nur ein Jahr nach seiner Rückkehr aus seiner Kriegsgefangenschaft und zwei Jahre nach dem Ende des 1. WK; Symptome einer PTBS würden innerhalb dieser Zeitspanne zum ersten Mal und danach wiederholt auftreten.

28 Brief von J. G. an Olga Steinlechner, am 17. April 1941; in: Positio Super Martyrio (dt. Texte)

29 Verordnungsblatt für die K. K. Landwehr, Nr. 121, 19. August 1916; vgl. (1) Standschützen Grundbuch Innsbruck, Abteilung II, Blatt 46, Nr. 316; (2) Levit, Zeuge seines Glaubens, S. 15

30 Brief von J. G. an P. Ernest Joseph Sorret, Graz 1924; in: Positio Super Martyrio (dt. Texte)

31 Auskunftsblatt der Gesellschaft Mariä über den Kandi-

daten J. G. [1920]; in: Positio Super Martyrio (dt. Texte); vgl. ebd., Personalblatt von J. G.: „Mit schlecht verdauten sozialistischen Ideen gekommen, die er vom Kriegsfeld mitgebracht hat."

32 Vgl. notae – Historische Notizen zur Diözese Innsbruck, 2/2016, S. 8: „In der Spannung dieser Fragestellung [ob formales Bekenntnis oder gelebte Liebe das eigentliche Kriterium der Nachfolge Christi sind] entstand in der Zwischenkriegszeit z. B. eine Bewegung wie der religiöse Sozialismus [etwa eines Leonhard Ragaz], der sich von der offiziellen Kirche jedoch vielfach nicht verstanden sah."

33 Aussage von Marianne Oberauer im Diözesanprozess, S. 6, Pkt. 2.2.5.; in: Positio Super Martyrio (dt. Texte); vgl. (1) ebd., Brief von J. G. an P. Ernest Joseph Sorret, Graz 1924: „Das Noviziat war dazu geeignet, mir den Willen Gottes klarzumachen. Ich fand meine Sehnsucht nach dem Priestertum wieder"; (2) Levit, Ein Märtyrer des Glaubens, S. 17: „Selbst das Land Tirol war nicht mehr dasselbe. Dieser neuen politischen Struktur in Österreich, in der über Nacht eine neue starke politische Kraft, der Sozialismus, auftrat, stand Jakob Gapp nun gegenüber. Dies und vier Jahre Fronterlebnisse dürften auf die weltanschauliche und politische Haltung von Jakob Gapp nicht ohne Einfluss gewesen sein."

34 Auskunftsblatt der Gesellschaft Mariä über den Kandidaten J. G. [1920], ausgestellt von P. Hippolyt Hamm; in: Positio Super Martyrio (dt. Texte)

35 Vernehmungsprotokoll vom 25. Januar 1943; in: Positio Super Martyrio (dt. Texte); vgl. Levit, Ein Märtyrer des Glaubens, S. 20 f.: „Jakob wollte unbedingt studieren, es fehlte aber das Geld für das Studium. Durch Zufall kam ihm eine Schrift in die Hand, in der die Marianisten eine Ausbildungsmöglichkeit für junge Männer anboten. Jakob hat diese Möglichkeit für sich in Anspruch genommen."

36 Brief von J. G. an P. Ernest Joseph Sorret, Graz 1924; in: Positio Super Martyrio (dt. Texte)

37 Wirkte in Wattens von 1913 bis 1932; vgl. 100 Jahre Pfarre Wattens 1891–1991, S. 28

38 Ebd., Brief von J. G. an P. Ernest Joseph Sorret, 19. März 1925

39 Ebd., Brief von J. G. an P. Ernest Joseph Sorret, Graz 1924

40 Vgl. (1) Partezettel; (2) Festschrift, 100 Jahre Pfarre Wattens, 1991: „Wenn Wattens heute noch als eine weitgehend christliche Gemeinde angesprochen werden kann, so ist dies zu einem Großteil das Verdienst Gfalls, der es verstand, den Kontakt zur Arbeiterschaft zu vertiefen und sie vor allem über den 1925 gegründeten Gesellenverein in das religiöse Leben einzubinden. […] Er war ein Pfarrer, der in der Fröhlichkeit und bedenkenlosen Hingabe an die Menschen von der Einheit des menschlichen Lebens mit Gott durchdrungen war.“

41 Vgl. (1) Levit, Zeuge seines Glaubens, S. 18; Zitat von J. G. bei seiner Ankunft in der Gesellschaft Mariä: „Ich bin Sozialist und möchte Pfarrer werden. Wenn das nicht geht, sagt es mir gleich. Dann fahr ich gleich wieder heim“; (2) Levit, Ein Märtyrer des Glaubens, S. 19: „Dass die Beschäftigung mit der sozialen Frage nicht im theoretischen Bereich verbleiben durfte, sondern in der Verwirklichung sozialer Gerechtigkeit ihren Ausdruck finden musste, war für Jakob Gapp eine lebenslange Maxime, die im Orden nicht immer verstanden wurde.“

42 Sittenzeugnis, Wattens, 26. Juni 1920; in: Positio Super Martyrio (dt. Texte)

43 Zitat von Adèle de Batz de Trenquelléon, Mitgründerin der Marianistenschwestern (1816); vgl. (1) Die großen Stunden der Christenheit, W. J. Chaminade und die Geschichte der Marianisten, S. 17–32; (2) Marianist, Jg. 23, Nr. 5, September 1979, Der Ursprung der Marianistengemeinschaft

44 Wirkte als Provinzial der österreichischen Provinz von 1919 bis 1925

45 Beurteilung von J. G. über dessen 1. und 3. Trimester im
   Noviziat; in: Positio Super Martyrio (dt. Texte); vgl. 100
   Jahre Marianisten in Österreich, S. 65: „Wäre Gapp kein
   guter Marienbruder gewesen, hätten ihn die Obern nie ins
   Priesterseminar geschickt."

46 Vgl. (1) ebd., S. 62; (2) Mt 10,16–22: „Siehe, ich sende
   euch, wie Schafe mitten unter die Wölfe; seid daher klug
   wie die Schlangen und arglos wie die Tauben! Nehmt euch
   aber vor den Menschen in Acht! Denn sie werden euch an
   die Gerichte ausliefern und in ihren Synagogen auspeit-
   schen. Ihr werdet um meinetwillen vor Statthalter und Kö-
   nige geführt werden, ihnen und dem Heiden zum Zeugnis.
   Wenn sie euch aber ausliefern, macht euch keine Sorgen,
   wie und was ihr reden sollt; denn es wird euch in jener
   Stunde eingegeben, was ihr sagen sollt. Nicht ihr werdet
   dann reden, sondern der Geist eures Vaters wird durch euch
   reden. Der Bruder wird den Bruder dem Tod ausliefern und
   der Vater das Kind und Kinder werden sich gegen die Eltern auflehnen und sie in den Tod schicken. Und ihr werdet
   um meines Namens willen von allen gehasst werden; wer
   aber bis zum Ende standhaft bleibt, der wird gerettet."

47 Vgl. (1) Brief von J. G. an P. Franz Joseph Jung, am 13.
   August 1943; exakt dreiundzwanzig Jahre nach Eintritt in
   die Gesellschaft Mariä und nur wenige Stunden vor seiner
   Hinrichtung in Berlin-Plötzensee verfasst; (2) Brief von J.G.
   an P. Ernest Joseph Sorret, Graz 1924; in: Positio Super
   Martyrio (dt. Texte)

48 Vernehmungsprotokoll vom 27. Januar 1943; in: Positio Super Martyrio (dt. Texte); vgl. Levit, Zeuge seines
   Glaubens, S. 19 f.; zu bedenken wäre an dieser Stelle, dass
   hinsichtlich eines PTBS bei J. G. die Exerzitien wie eine
   Therapie gewirkt haben könnten, und sich J. G. während
   der geistlichen Übungen nicht nur spirituell, sondern auch
   psychologisch kennen- und akzeptieren lernte, was wiederum zu einer Entscheidungsfindung bzgl. seines weiteren
   Lebensweges führte.

49 Vgl. ebd.

50 Heimatprimiz, am 20. Juli 1930; vgl. Levit, Ein Märtyrer des Glaubens, S. 34

51 Vgl. Nagy, Ring der Treue, S. 22

52 Brief von J. G. an P. Ernest Joseph Sorret, Graz 1924; in: Positio Super Martyrio (dt. Texte)

53 Levit, Zeuge seines Glaubens, S. 21

54 Heute Bundes- und Bundesrealgymnasium Kirchengasse; vgl. 100 Jahre Marianisten in Österreich, S. 30 f.

55 Beurteilung von J. G., 1925; in: Positio Super Martyrio (dt. Texte); vgl. (1) ebd., Brief von J. G. an den 1. Assistenten der Gesellschaft Mariä, am 2. Juni 1925; (2) Levit, Ein Märtyrer des Glaubens, S. 24 f.; (3) Levit, Zeuge seines Glaubens, S. 33

56 Brief von J. G. an P. Ernest Joseph Sorret, Graz 1924; in: Positio Super Martyrio (dt. Texte)

57 Vgl. (1) ebd., Brief von Novizenmeister Hippolyt Hamm, am 30. Juli 1921; (2) Levit, ein Märtyrer des Glaubens, S. 25; (3) Ordensregel, Artikel 16

58 Generaloberer der Gesellschaft Mariä, 1923 bis 1933

59 Brief von J. G. an P. Ernest Joseph Sorret, am 19. März 1924; in: Positio Super Martyrio (dt. Texte)

60 Vgl. Nagy, Ring der Treue, S. 15: „Bei der Ablegung der ewigen Gelübde erhält der Marianist einen goldenen Ring als Zeichen dafür, dass er sich dauernd in den Dienst des Herrn in der Gesellschaft Mariä stellt." Der Ring von J. G. ist eines der wenigen Besitztümer, das heute noch erhalten ist und als Reliquie des Seligen auf dem Greisinghof in Tragwein aufbewahrt wird.

61 Vernehmungsprotokoll vom 27. Januar 1943; in: Positio Super Martyrio (dt. Texte)

62 Ebd.

63 Vgl. Levit, Ein Märtyrer des Glaubens, S. 32: „Es muss überhaupt festgehalten werden, dass Jakob Gapp in der Zeit des Seminars in Vorbereitung auf die den Priestern der Gesellschaft [Mariä] aufgetragenen Pflichten sich nicht

nur bemühte, das Ideal zu sehen, sondern darunter litt, dass dieses Ideal nicht verwirklicht wurde. Noch 1940 schreibt er an Superior Franz Josef Jung: Man sagt mir und sagt es mir oft: Sie haben fast immer einen Grund; Sie haben vollkommen recht; aber das ist zu ideal; und: Sie sind zu brüsk, wenn Sie Ihre Ansichten ausdrücken; das erzeugt Widerstand, auch wenn Sie hundertmal recht haben. Das war schon im Seminar so. Es scheint mir jedoch, dass man seine Überzeugungen auch als solche ausdrücken muss, und nicht als Wahrscheinlichkeiten. Wenn ich zögere und beim geringsten Widerstand zurückweiche, dann habe ich keine Überzeugungen, sondern Meinungen und Zweifel."

64 Vernehmungsprotokoll vom 27. Januar 1943; in: Positio Super Martyrio (dt. Texte): „Man mag mir auch den Weg zur Heimat verrammeln, so werde ich doch nicht aufhören, der Wahrheit Zeugnis zu geben."

65 Vier US-Amerikaner, drei Franzosen, ein Italiener; zusammen mit J. G. gaben sie, neben den jeweils persönlichen Primizbildchen, auch ein gemeinsames Andenken an die Priesterweihe heraus.

66 Vgl. (1) Levit, Zeuge seines Glaubens; S. 30; (2) Levit, Ein Märtyrer des Glaubens, S. 33 f.

67 Vgl. Einträge von J. G., am 5. u. 6. August 1930, Roanerhof Umlberg-Terfens; in: Zelebrationsheft der Kapelle Maria Schnee

68 Wirkte als Provinzial der österreichischen Provinz von 1925 bis 1933, als Generalassistent der Gesellschaft Mariä von 1933 bis 1951 und von 1955 bis 1956; als solcher war er Generalvikar des Ordens von 1933 bis 1934 und von 1940 bis 1946, als es keinen Generaloberen gab.

69 Vgl. (1) 100 Jahre Marianisten in Österreich, S. 38 f.; (2) www.marianum-freistadt.at

70 Rede im Berliner Sportpalast von NS-Reichspropagandaleiter Joseph Goebbels, November 1930

71 Diese Ansicht wurde auch aufseiten der Nationalsozialisten geteilt; NS-Reichsminister Martin Bormann schrieb

diesbezüglich u. a. in einem Brief vom 6. Juni 1941 an alle Gauleiter des Großdeutschen Reichs: „Nationalsozialistische und christliche Auffassungen sind unvereinbar. […] Unser nationalsozialistisches Weltbild aber steht weit höher als die Auffassungen des Christentums, die in ihren wesentlichen Punkten vom Judentum übernommen worden sind. Auch aus diesem Grunde bedürfen wir des Christentums nicht. Kein Mensch würde etwas vom Christentum wissen, wenn es ihm nicht in seiner Kindheit von den Pfarrern einge-trichtert worden wäre. Wenn also unsere Jugend künftig einmal von diesem Christentum, dessen Lehren weit unter den unseren stehen, nichts mehr erfährt, wird das Chris-tentum von selbst verschwinden. Aus der Unvereinbarkeit nationalistischer und christlicher Auffassungen folgt, dass eine Stärkung bestehender und jede Förderung neu entste-hender christlicher Konfessionen von uns abzulehnen sind. […] Selbstverständlich werden und müssen, von ihrem Standpunkt betrachtet, die Kirchen sich gegen diese Macht-einbuße wehren. Niemals aber darf den Kirchen wieder ein Einfluss auf die Volksführung eingeräumt werden. Dieser muss restlos und endgültig gebrochen werden."; Walter, Im Schatten des Galgens, S. 21

72 Vgl. (1) Linzer Diözesanblatt 3, 1933, S. 19; (2) Neues Ar-chiv für die Geschichte der Diözese Linz, Heft 1, 1998/99, S. 43

73 Linzer Diözesanblatt, Jg. LXXIX, 1933, Nr. 1; am 14. Februar 1941 wurde der 22. Fastenhirtenbrief des Bischofs von Linz, in welchem er die Pflichten der Katholiken und die ihnen drohenden Gefahren von damals behandelte, von der Gestapo beschlagnahmt; vgl. (1) Linzer Diözesanblatt, Jg. LXXXVII, 1941, Nr. 3, bzw. Diözesanarchiv Linz, Ref.-Nr.: CA/10, Sch. 251, Fasz. VIII, 17i; (2) Zinnhobler, Die Haltung Bischof Gföllners gegenüber dem Nationalsozi-alismus; in: Das Bistum Linz im Dritten Reich, 1979, S. 72 f.: „Er hatte darin zur Einigkeit, Kirchentreue und ka-tholischen Kindererziehung gemahnt, vor Menschenfurcht,

Verzagtheit und Gleichgültigkeit gewarnt und ein Wort des Trostes und der Aufmunterung an die Gläubigen gerichtet. Im Abstand der Jahre lesen sich die Ausführungen des Bischofs recht ‚harmlos‘. Wie sie gemeint waren, wird durch die Vorgangsweise der NS-Behörden deutlich, die sehr wohl zwischen den Zeilen zu lesen verstanden.“

74 Vernehmungsprotokoll vom 25. Januar 1943; in: Positio Super Martyrio (dt. Texte)

75 Beurteilung von J. G. durch P. Franz Josef Jung, am 11. April 1931; in: Positio Super Martyrio (dt. Texte); vgl. Levit, Zeuge seines Glaubens, S. 33 f.

76 Wirkte als Provinzial der österreichischen Provinz von 1933 bis 1935

77 Vgl. Beurteilung, 30. Januar bis 1. Februar 1934; in: Positio Super Martyrio (dt. Texte)

78 Levit, Zeuge seines Glaubens, S. 38 f.

79 Levit, Ein Märtyrer des Glaubens, S. 38

80 Vernehmungsprotokoll vom 27. Januar 1943; in: Positio Super Martyrio (dt. Texte)

81 Brief von J. G. an Franz Josef Jung, am 9. September 1939; in: Positio Super Martyrio (dt. Texte)

82 Vgl. (1) Fried, Nationalsozialismus und katholische Kirche in Österreich, S. 46 f.; (2) Brief von J. G. an Franz Josef Jung, am 10. November 1940; in: Positio Super Martyrio (dt. Texte): „[Der Schuldirektor] fand es damals sehr klug, eine Wendung um 180° zu machen. Er schrie ‚Heil Hitler‘ und trug das Hakenkreuz. Aber das war noch nicht genug: Er verlangte von allen, wie er das Hakenkreuz zu tragen, obwohl es von den Behörden nicht vorgeschrieben war. Alle sagten, das sei Heuchelei. Aber ganz gleich, ob die Erzieher Heuchler seien oder nicht, Hauptsache, sie sind ‚klug‘ und retten die materielle Situation, die sie dann ohnehin nicht gerettet haben!“

83 Ordensregel, Artikel 262; vgl. Levit, Zeuge seines Glaubens, S. 41 f.

84 Vgl. (1) Bons, Nationalsozialismus und Arbeiterfrage,

S. 58–106; (2) „Rerum Novarum", Enzyklika von Papst Leo XIII., 1891; (3) „Quadragesimo Anno", Enzyklika von Papst Pius XI., 1931

85 Wenig später wurde im Auftrag des Papstes eine ergänzende Erklärung durch Theodor Kardinal Innitzer abgegeben, in welcher dieser alle NS-Taten, welche mit den Gesetzen Gottes und der Freiheit bzw. den Rechten der katholischen Kirche nicht vereinbar waren, scharf verurteilte, woraufhin vonseiten des NS-Regimes alle Zugeständnisse und Versprechen zurückgezogen wurden und ab Herbst 1938 die Aktionen bzw. Repressionen gegen die römisch-katholische Kirche sowie die Verfolgung ihrer Mitglieder begannen; vgl. Moll (Hrsg.), Zeugen für Christus, S. XLII: „Die Kirche rühmt sich ihrer Zeugen nicht, um damit eigenes Versagen vergessen zu machen, ist aber dankbar, dass es sie gab. Die Auseinandersetzung der katholischen Kirche und ihrer Glieder im Besonderen mit der Weltanschauung des Nationalsozialismus forderte in den Jahren von 1933 bis 1945 einen außerordentlich hohen Blutzoll auf allen Ebenen. Trotz des am 20. Juli 1933 abgeschlossenen Konkordats zwischen dem Heiligen Stuhl und dem NS-Staat wurde die Bedrohung von Jahr zu Jahr nicht geringer, sondern immer größer."

86 Vernehmungsprotokoll vom 27. Januar 1943; in: Positio Super Martyrio (dt. Texte)

87 Vgl. Moll (Hrsg.), Zeugen für Christus, S. XLIII: „Die Gründe für die Verhaftung der Geistlichen und Laien liegen im Wesentlichen in ihrer aus dem christlichen Glauben motivierten antinationalistischen Einstellung. Früher oder später musste diese auch in der Öffentlichkeit in Erscheinung treten. Bei den Priestern geschah dies durch den Vollzug der Verkündigung im Gottesdienst, durch die Erteilung des Religionsunterrichtes in kirchlichen oder säkulären Schulen, durch die Leitung der katholischen Jugendarbeit in den ihnen zugewiesenen Arbeitsfeldern."

88 Brief von J. G. an Franz Josef Jung, am 10. November

1940; in: Positio Super Martyrio (dt. Texte); vgl. ebd., Vernehmungsprotokoll vom 27. Januar 1943: „Ich hielt es überall für meine unausweichliche Pflicht als katholischer Priester, meine Zuhörer auf die Gefahr des Nationalsozialismus für den Katholizismus hinzuweisen. […] so erkläre ich, dass für mich mein katholischer Glaube über allem steht, und, dass es mir lediglich darauf ankam, soviel in meinen Kräften steht, zu verhindern, dass die Idee des Nationalsozialismus weitere Verbreitung fände."

89 Wirkte als Provinzial der österreichischen Provinz von 1935 bis 1954

90 Brief von Adalbert Ehrmann an Franz Josef Jung, Juni/Juli 1938; in: Positio Super Martyrio (dt. Texte)

91 Kolozs, Die Bischöfe von Innsbruck, S. 13–41

92 Rusch, Waage der Zeit, Wege der Zeit, S. 14; vgl. Der Schlern, Juni 2000, Heft 6, S. 346–356

93 Vgl. (1) Pfarrer Otto Neururer, Ein Seliger aus dem KZ – Dokumentation, S. 6; (2) Scheuer, Kraft zum Widerstand, S. 43–51

94 Wirkte in Wattens von 1932 bis 1953; vgl. 100 Jahre Pfarre Wattens 1891–1991, S. 28

95 Vgl. Brief von Adalbert Ehrmann an Franz Josef Jung, am 12. September 1938; in: Positio Super Martyrio (dt. Texte); (2) ebd., Brief von J. G. an Franz Josef Jung, am 23. August 1938; (2) Tschol, Pater Jakob Gapp – Ein unbequemer Tiroler im Dritten Reich; in: das Fenster, Nr. 36, S. 3562

96 Vgl. (1) Einträge von J. G., am 19., 20., 25. und 26. Juli 1938, Roanerhof Umlberg-Terfens; in: Zelebrationsheft der Kapelle Maria Schnee; (2) Levit, Zeuge seines Glaubens, S. 54 f.

97 Vgl. (1) Partezettel; (2) Lipp, Kirchengeschichte Breitenwang und Reutte, S. 159

98 Vgl. (1) Brief von J. G. an Josef Gapp, am 1. September 1938; in: Positio Super Martyrio (dt. Texte); (2) ebd., Attest von Alois Mauracher, beigelegt dem Brief von J. G. an Josef Gapp, am 9. November 1938

99 Hier spielt J. G. auf die Priesterdeportationen ins KZ Dachau an.

100 Brief von J. G. an Franz Josef Jung, am 19. Oktober 1938; in: Positio Super Martyrio (dt. Texte)

101 Siebenrock, Christliches Martyrium, S.23 f.

102 Vgl. (1) ebd., S. 87: „Das Martyrium ist ein Charisma, das selber nicht erzwungen, provoziert oder anderen auferlegt werden darf"; (2) Brief von J. G. an Franz Josef Jung [1939]; in: Positio Super Martyrio (dt. Texte): „Ich bin wohl zufrieden, dass ich Dachau entkommen bin";
(3) ebd., Aussage von Dr. Dr. Karl Ludwig Neuhaus im Diözesanprozess, am 7. Juli 1987, Pkt. 3.7.: „Jakob Gapp hat vom Martyrium selbst nicht gesprochen."

103 Ebd., Brief von J. G. an Franz Josef Jung, am 22. April 1939

104 Vgl. (1) ebd., Brief von J. G. an Franz Josef Jung, am 9. November 1938; (2) Levit, Zeuge seines Glaubens, S. 57 f.; (3) Lipp, Kirchengeschichte Breitenwang und Reutte, S. 159 f.

105 Ebd., Brief von J. G. an Franz Josef Jung, am 9. November 1938; in: Positio Super Martyrio (dt. Texte)

106 Ebd.

107 Vernehmungsprotokoll vom 25. Januar 1943; in: Positio Super Martyrio (dt. Texte)

108 Arolsen Archives, Ref.-Nr.: T/D-2286005: Fahndungsliste Nr. 54/38, 22. Dezember 1938

109 Eintrag von J. G., am 5. Januar 1939, Roanerhof Umlberg-Terfens; in: Zelebrationsheft der Kapelle Maria Schnee

110 Brief von J. G. an Franz Josef Jung, am 17. Juli 1939; in: Positio Super Martyrio (dt. Texte); et al.

111 Ebd., (1) Brief von J. G. an Olga Steinlechner, am 20. Mai 1939; (2) Brief von J. G. an Franz Josef Jung, am 15. Mai 1942; vgl. ebd., Brief von J. G. an Josef Gapp, am 4. Juni 1942: „Mehr noch leide ich unter dem Zustand des deutschen Volkes. Ich fühle mich ganz mit ihm verbunden.

[…] Ich bin nicht der, der desto mehr von der Heimat ab-
rückt, je schlechter es ihr geht. […] Ich fühle mich so innig
mit [meinem Heimatland] verbunden, dass ich seine Leiden
mitleide, dass ich mit ihm sterben will."

112 Ebd.; vgl. (1) Siebenrock, Christliches Martyrium, S. 83
u. S. 88; (2) Mt 16,25: „Denn wer sein Leben retten will,
wird es verlieren; wer aber sein Leben um meinetwillen ver-
liert, wird es gewinnen."

113 Arolsen Archives, Ref.-Nr.: T/D-2286005: Personenbe-
zogene Karteikarten von Frankfurt bzw. Koblenz, datiert
am 20. Dezember 1938; darauf wird J. G. bereits als „staats-
feindlich" geführt.

114 Brief von J. G. an Familie Steinlechner, am 17. Februar
1939; in: Positio Super Martyrio (dt. Texte); vgl. (1) ebd.,
Brief von J. G. an Franz Josef Jung, am 4. Februar 1939:
„Der hochwürdigste Bischof von Innsbruck, der erst kürz-
lich geweiht worden war, hatte mir schon einen Posten
verschafft, wenigstens für vier Monate, an der Grenze Tirol-
Vorarlberg. Auf den Brief des Herrn [Ladislaus] Nagy hin,
der mir im Namen des Herrn Provinzials [Adalbert] Ehrmann die Weisung gab, nach Lanzenkirchen zu gehen, gab
ich den sicheren Posten auf, schrieb dem Bischof ab und
fuhr nach Wien. In Wiener Neustadt habe ich dann gleich
den Pass bekommen und bin dann voller Freude abgereist";
(2) Levit, Zeuge seines Glaubens, S. 61 f.

115 Arolsen Archives, Ref.-Nr.: T/D-2286005: Personenbe-
zogene Karteikarte von Koblenz, datiert am 20. Dezember
1938

116 Vgl. Brief von Superior Franz Josef Jung an Provinzial
Adalbert Ehrmann, am 12. November 1938; in: Positio
Super Martyrio (dt. Texte): „Herr Gapp hat sich bei mir für
‚La Madeleine' gemeldet; mir scheint, das ist besser für ihn,
als dass er es noch einmal in Wien versuchte."

117 Ebd., Brief von J. G. an Franz Josef Jung, undatiert
(vermutlich 1.–3. Februar 1939); vgl. Brief von J. G. an
Familie Gapp, undatiert, nicht in Positio Super Martyrio

(dt. Texte), ex: Provinzarchiv Greisinghof: „Kann ich nicht bleiben, so gehe ich nach Spanien, und zwar ganz gern."

118 Brief von Provinzial Louis Gadiou an Superior Franz Josef Jung, am 23. April 1939, in: Positio Super Martyrio (dt. Texte)

119 Ebd., Brief von J. G. an Josef und Olga Steinlechner, am 15. März 1939; vgl. Brief von J. G. an Familie Gapp, am 10. April 1939; nicht in Positio Super Martyrio (dt. Texte), ex: Provinzarchiv Greisinghof: „Hast du etwas beim Herrn Pfarrer getan, Seppl [= Josef Gapp], um einen Posten zu erlangen? Wenn ja, lass es gehen. Bekäme ich einen, trete ich ihn an. Wenn nicht, ist's auch recht."

120 Ebd. u. Brief von J. G. an Franz Josef Jung, am 6. März 1939; in: Positio Super Martyrio (dt. Texte)

121 Ebd.

122 Vernehmungsprotokoll vom 25. Januar 1943; in: Positio Super Martyrio (dt. Texte)

123 Vgl. Levit, Zeuge seines Glaubens, S. 65 f.

124 Brief von Provinzial Louis Gadiou an Superior Franz Josef Jung, am 25. Mai 1939, in: Positio Super Martyrio (dt. Texte); vgl. ebd., Brief von J. G. an Olga Steinlechner, am 1. Mai 1939: „Gerade habe ich einen Brief erhalten von meinem Vorgesetzten in Belgien, ich soll nach Spanien gehen. Nun gut, ich will es tun. […] wenn es der liebe Gott will, dass ich der Heimat fern bleibe, dann sei es. Hoffentlich finde ich dort Arbeit. […] Ich fürchte, dem Willen Gottes zuwider zu handeln, wenn ich heimgehe. Also auf nach Spanien! Arbeiten!"

125 Ebd., Brief von Provinzial Marcos Gordejuela an Superior Miguel García, am 5. März 1940

126 Vgl. (1) ebd., Vernehmungsprotokoll vom 25. Januar 1943; in: Positio Super Martyrio (dt. Texte); (2) Brief von J. G. an Familie Gapp, undatiert; nicht in Positio Super Martyrio (dt. Texte), ex: Provinzarchiv Greisinghof: „Deutschland steht bei den Spaniern hoch, weil es Franco unterstützt hat. […] In der Stadt [= San Sebastián] trifft

man immer wieder Deutsche, immer wieder kann man ein Auto mit dem Hakenkreuz sehen. In einer Buchhandlung habe ich gestern fast nur deutsche Bücher in der Auslage gesehen."

127 Brief von J. G. an Franz Josef Jung, am 9. September 1939, in: Positio Super Martyrio (dt. Texte); vgl. Brief von J. G. an Familie Gapp, am 22. Januar 1942: „Ich bin der ehrliche Mensch geblieben, bin aber klüger geworden. Schweigen ist nicht Unehrlichkeit, Schweigen ist Gold, wenn ich nicht durch das Gewissen verpflichtet bin, zu reden. Es weiß übrigens jeder, der mit mir verkehrt, bald, mit wem er es zu tun hat"; nicht in Positio Super Martyrio (dt. Texte), ex: Provinzarchiv Greisinghof

128 Wirkte als Provinzial der spanischen Ordensprovinz von 1934 bis 1944

129 Beurteilung, 28. Februar bis 5. März 1940; in: Positio Super Martyrio (dt. Texte)

130 Ebd., Brief von J. G. an Franz Josef Jung, am 10. Februar 1940

131 Ebd., Brief von J. G. an Franz Josef Jung, am 19. Februar 1940

132 Ebd., Brief von unbekannt an Superior Miguel García, am 9. Juni 1941

133 Ebd., Chronik der spanischen Provinz der Marianisten in Madrid, S. 217 f.; vgl. ebd., Brief an Provinzial Marcos Gordejuela, am 22. September 1940: „Für uns gibt es keinen Zweifel. Wir haben alles getan, was in unserer Macht stand, um [Jakob] Gapp in unserer Gesellschaft zu halten, ohne dabei Erfolg zu haben. Es ist bereits das zweite Mal, dass er bittet, sich zurückziehen und draußen leben zu dürfen. Das Übel liegt in der Unbeständigkeit des Geistes, der Unfähigkeit sich festzusetzen, wo er ist. Sie haben die Beweise dafür. Ihn wieder aufnehmen heißt mit moralischer Sicherheit, dass man ihn nach kurzer Zeit erleben wird, wie er um den Austritt bittet."

134 Vgl. ebd., Brief von J. G. an Josef Gapp, am 4. Juni

1942: „Ich habe nie Begeisterung oder Liebe zu diesen Privatschulen der Gesellschaft Mariä aufgebracht, weil sie in erster Linie ein Geschäftsunternehmen sind und bei uns viele unsoziale Dinge vorkommen, die mir Entrüstung einflößen."

135 Ebd., Vermerk über J. G., am 14. Juni 1942, auf der Rückseite eines Briefes von Provinzial Marcos Gordejuela an Superior Miguel García, am 27. Mai 1942

136 Ebd., Vermerk über J. G., am 22. September 1940: „Hat sich schon im März 1940 verrückt gezeigt"; vgl. Nigg, Große Heilige (Die Erscheinung des Heiligen), S. 11: „Das Faszinierende in der Kirchengeschichte sind jene Gestalten, welche über die menschliche Kleinheit und Schwäche hinausgingen, die das Evangelium auf eine kühne Art vertraten und von heiligem Wahnsinn ergriffen waren."

137 Ebd., Brief von J. G. an Franz Josef Jung, am 18. März 1942

138 Als Bürger des Großdeutschen Reiches wurde J. G. vonseiten der Engländer, die seit September 1939 Kriegsgegner des NS-Regimes waren, grundsätzlich misstraut; dagegen half auch die von J. G. mehrfach bekundete Ablehnung des Nationalsozialismus nicht.

139 Ebd., Vernehmungsprotokoll vom 25. Januar 1943; bei dieser Aussage von J. G. zeigt sich ebenfalls deutlich, dass er sein Martyrium nicht willentlich gesucht hat; er weiß um die konkrete Lebensgefahr und will nicht lügen, um sich einen Vorteil zu verschaffen.

140 Vgl. (1) Hormayr, Die Zukunft wird unser Sterben einmal anders beleuchten, S. 74; (2) Wahl, Die Spitzel der Gestapo; in: Zeit Österreich, Nr. 45, 2. November 2017

141 Es ist nicht viel über diesen „Vertrauensmann" bekannt. In der Chronik der spanischen Provinz der Marianisten (S. 273) wird er als „Hermann Tretter" ausgewiesen; Karl Ludwig Neuhaus, der J. G. am 25. u. 27. Januar 1943 im Auftrag der Gestapo im Reichssicherheitshauptamt in Berlin vernommen hatte, sagte als Zeuge im Seligsprechungsprozess

dazu Folgendes aus: „Ich bin sicher, dass P. Gapp bespitzelt worden ist, und zwar schon in Österreich. Ein Mann, der so offen seine katholisch fundierte Meinung über den Nationalsozialismus sagte, musste die Aufmerksamkeit der Gewalthaber auf sich ziehen, was zur Folge hatte, dass man seine Predigten und sein Verhalten in der Öffentlichkeit überwachte. [...] Nach meiner Vermutung haben ihn die beiden ‚erfolgreichen' Nazi-Spitzel Heger und Frau Dagmar Imgart observiert. Ich meine, mich daran zu erinnern. Heger und Frau Imgart waren nach meinen Informationen, die ich von [Erich] Roth erhielt, immer an solchen Auslands-Spitzelgeschäften beteiligt, wenn es sich um vornehmlich katholische Organisationen und Personen handelte. Im Amt IV steuerte Herr Heinz Kunze, ein SS-Hauptsturmführer, solche kirchlichen Spitzel auch im Ausland. [...] Die Spitzeltätigkeit gegenüber P. Gapp hat mit Sicherheit bereits mit der Überwachung der Predigten und der Tätigkeit desselben in Österreich begonnen und ist dann später, während des Aufenthaltes von P. Gapp im Ausland, fortgesetzt worden. Als man glaubte, genügend Material zu haben, hat man ihn dann entführt"; in: Positio Super Martyrio (dt. Texte)

142 Ebd., Vernehmungsprotokoll vom 27. Januar 1943

143 Vgl. ebd., Brief von Provinzial Marcos Gordejuela an Superior Franz Josef Jung, am 13. November 1942: „Unser guter Freund Jakob [Gapp] ist am 5. November [1942] fortgegangen. Ich habe ihm mitgeteilt, dass er eine Erlaubnis von Ihnen benötigt. Ich nehme an, er hat Ihnen geschrieben. Er dürfte sich derzeit mit einem Freund in Saragossa befinden; in einigen Tagen wird er sich in ‚El Grao' nahe bei Valencia niederlassen als Kaplan in einer Pfarre."

144 Ebd., Brief von Franz Josef Jung an J. G., am 12. März 1940

145 Ebd., Brief von J. G. an Franz Josef Jung, am 29. Februar 1940

146 Ebd., Brief von J. G. an Franz Josef Jung, am 15. Mai 1942

147 Ebd., Brief von Louis Gadiou an Josef Gapp, am 31. Januar 1946; verfasst rund zweieinhalb Jahre nach der Hinrichtung von J. G.; vgl. ebd., Brief von Louis Gadiou an die Generalleitung: „Vielleicht haben Sie – wie ich – einen Brief der Familie des armen [Jakob] Gapp erhalten. Dem Brief war ein Totenbildchen und eine Übersetzung des letzten Briefes beigelegt, den er an dem Tag schrieb, an dem er erschossen [sic!] wurde. Aus diesem Dokument geht hervor, dass unser ehemaliger Mitbruder nicht, wie unsere Ordensleute in San Sebastián glaubten, in Hendaye hingerichtet wurde. Er wurde zwar am 9. November 1942 in Frankreich, wohin er mit List gebracht worden war, festgenommen, wurde dann nach Berlin gebracht, eingekerkert, verurteilt, wegen Verrat am 2. Juli 1943 zum Tod verurteilt und am 13. August [1943] um 19 Uhr hingerichtet. […] Auf dem Totenbildchen steht: ‚Jakob Gapp aus dem Orden der Marianisten‘.“

148 Ebd., Brief von J. G. an Franz Josef Jung, am 9. September 1939

149 Vgl. 100 Jahre Marianisten in Österreich, S. 65

150 Brief von J. G. an Franz Josef Jung, am 13. August 1943; in: Positio Super Martyrio (dt. Texte)

151 Vgl. (1) ebd. Brief von J. G. an Olga Steinlechner, am 17. April 1941; (2) 2. Samuel 24,14; (3) Siebenrock, Christliches Martyrium, Zitat von Dietrich Bonhoeffer: „Wer hält stand? Allein der, dem nicht seine Vernunft, sein Prinzip, sein Gewissen, seine Freiheit, seine Tugend der letzte Maßstab ist, sondern der dies alles zu opfern bereit ist, wenn er im Glauben und in alleiniger Bindung an Gott zu gehorsamer Tat gerufen ist, der Verantwortliche, dessen Leben nichts sein will als seine Antwort auf Gottes Frage und Ruf.“

152 Psalm 119,133

153 Vgl. Gesetz zur Änderung von Vorschriften des Strafrechts und des Strafverfahrens, am 24. April 1934, Reichsgesetzblatt I, S. 341: „§ 1. (1) Zur Aburteilung von Hoch-

verrats- und Landesverratssachen wird der Volksgerichtshof gebildet. [...] § 3. (1) Der Volksgerichtshof ist zuständig für die Untersuchung und Entscheidung in erster und letzter Instanz in den Fällen des Hochverrats [...], des Landesverrats [...] § 5. (2) Gegen die Entscheidungen des Volksgerichtshofs sind keine Rechtsmittel zulässig."

154 Der Tag, 16. November 1960; vgl. 100 Jahre Marianisten in Österreich, S. 68; das Todesurteil gegen J. G. war schon früher bekannt (veröffentlicht 1955/56), die Vernehmungsprotokolle etc. kamen erst später ans Licht.

155 Todesurteil und Begründung, am 3. Juli 1943, gez.: Dr. Karl Roland Freisler, Präsident des Volksgerichtshofes

156 Brief von J. G. an Familie Steinlechner, am 13. August 1943; in: Positio Super Martyrio (dt. Texte)

157 Ebd., Aussage von Dr. Dr. Karl Ludwig Neuhaus im Diözesanprozess, am 7. Juli 1987; vgl. ebd.: „P. Gapp war ein so aus dem allgemeinen Rahmen fallender Vorgang, dass irgendwelche Druckmittel bei ihm gar nicht notwendig waren. Das Verhalten von P. Gapp war das Beeindruckendste, was ich je erlebt habe. [...] Ich bin der Meinung, dass eine Seligsprechung der Verhaltensweise des P. Gapp nicht gerecht wird. Ich bin vielmehr fest überzeugt, dass eine Heiligsprechung eher dem Auftreten des P. Gapp entsprechen würde. Ich will dabei sagen, was ich unter ‚heilig‘ verstehe. Der Begriff ‚heilig‘ enthält ein negatives und ein positives Element. Das negative Element besteht in der Aussonderung aus dem Profanen, und das positive Element drückt die Zuneigung zu Gott aus. Beide Dinge treffen auf P. Gapp zu."

158 Ebd., Pkt. 3.9.7

159 Vgl. ebd., Brief von Franz Gapp an das Amtsgericht Berlin, am 23. März 1944

160 Ebd., Brief von J. G. an Franz Josef Jung, am 13. August 1943

161 Ebd., Brief von J. G. an Familie Steinlechner, am 13. August 1943; vgl. ebd., Brief von J. G. an Franz Josef Jung,

am 26. Juni 1939: „Als ich 1925 in Antony [bei Paris] war, haben Sie mir geschrieben: ‚Alles geht vorüber, nur der Himmel nicht.' Die Ewigkeitsperspektive ist die einzig richtige, aber sie erschreckt mich in allen Folgerungen; ich habe gestern gebetet, der Herr möge mir Kraft geben, wenn er von mir verlangt, dass ich der Heimat lange oder gar immer fernbleiben soll. Denn leichter käme mir das Gemartertwerden vor, als das Leben fern der Heimat, der gekreuzigten Heimat, wenn diese Entfernung und diese Kreuzigung lange dauern. Wie der liebe Heiland will! Ölberg und Kalvarienberg! Das muss es auch geben. Es wird schon gut sein, so."

162 Wirkte als Präsident des Volksgerichtshofes von 1942 bis 1945; führte aggressiv gestimmte Schauprozesse und würdigte durchwegs die Angeklagten herab; verhängte u. a. die heute als rechtswidrig geltenden Todesurteile über die Mitglieder der Widerstandsgruppe „Weiße Rose"

163 Vernehmungsprotokoll vom 27. Januar 1943; in: Positio Super Martyrio (dt. Texte): „Ich [= Jakob Gapp] war seit Sommer 1942 so ziemlich der Überzeugung, dass Deutschland den Krieg verlieren werde und erfreut darüber, dass der Sieg Englands mir sicher erschien. Einen Sieg der Bolschewisten wünschte und wünsche ich dagegen nicht."

164 Ebd., Ausgefertigtes Todesurteil, am 3. Juli 1943

165 Ebd., Vernehmungsprotokoll vom 27. Januar 1943

166 Vgl. Oleschinski, Gedenkstätte Plötzensee, S. 5 f. u. 13 f.

167 Vgl. (1) Brief vom Geistlichen Rat Peter Buchholz an Josef Gapp, am 21. Januar 1944; in: Positio Super Martyrio (dt. Texte): „Was zunächst sein Testament angeht, so habe ich in einem Schreiben an das Amtsgericht sofort erklärt, ich verzichte auf die Erbschaft zugunsten der Angehörigen"; (2) Nagy, Ring der Treue, S. 15: „Bei der Ablegung der ewigen Gelübde erhält der Marianist einen goldenen Ring als Zeichen dafür, dass er sich dauernd in den Dienst des Herrn in der Gesellschaft Mariä stellt"; der Ordensring von J. G. befindet sich derzeit im Provinzarchiv Greisinghof. Dass J. G. diesen Ring bis zu seinem Tode nicht abgelegt hat,

könnte als Zeichen seiner grundsätzlichen Verbundenheit mit den Marianisten angesehen werden, obwohl er einige Male aus der Gesellschaft Mariä austreten wollte.

168 Ebd., Verfügung der Vollstreckung des Todesurteils, am 10. August 1943

169 Ebd., Aussage von Dr. Dr. Karl Ludwig Neuhaus im Diözesanprozess, am 7. Juli 1987

170 Ebd., Verfügung der Vollstreckung des Todesurteils, am 10. August 1943

171 Ebd., Brief von J. G. an Familie Steinlechner, am 13. August 1943

172 Ebd., Brief vom Geistlichen Rat Peter Buchholz an Josef Gapp, am 21. Januar 1944; vgl. Siebenrock, Christliches Martyrium, S. 87 f.: „Dieser Glaubensakt kann sich mit der Todesangst Jesu im Garten [Getsemani] vereinen und muss daher nicht angstfrei erlebt werden. Vielfach wird bezeugt, wie die Personen einen Weg durchleiden, der sie mit Christus dramatisch vereint. Die Dekonstruktion des Heroismus unterscheidet die Märtyrer von den Helden der Filme und Propaganda. Damit wird nicht nur der implizite Dualismus überwunden, sondern vor allem die tragende Christusbeziehung der MärtyrerIn verdeutlicht. Deshalb ist auch ein sakrifizieller Sühnegedanke auszuschließen, demzufolge Gott Opfer benötigt."

173 Vollstreckung des Todesurteils, am 13. August 1943; in: Positio Super Martyrio (dt. Texte); vgl. Arolsen Archives, Ref.-Nr.: T/D-2286005: Sterbebucheintrag des Standesamtes Berlin-Charlottenburg, Nr. 3988, am 14. August 1943

174 Vgl. (1) LK 9,23–27; (2) Niewiadomski/Siebenrock (Hrsg.), Opfer – Helden – Märtyrer, S. 347: „Der Märtyrer stirbt [...] nicht für eine bloße Idee, er stirbt mit jemandem, der schon vorweg für ihn gestorben ist."

175 Apg 6,5; vgl. Kap. 6,8–7,64

176 Ebd.

177 Vgl. (1) Vernehmungsprotokoll vom 27. Januar 1943; in:

Positio Super Martyrio (dt. Texte); (2) ebd., Brief von J. G. an Familie Steinlechner, am 13. August 1943

178 Der Abschiedsbrief von J. G. an Franz Josef Jung, vom 13. August 1943, in dem er seine Zugehörigkeit zur Gesellschaft Mariä versichert, wurde erst später durch P. Josef Levit entdeckt; bis dahin galt er unter den Marianisten als ausgetreten. Genauer: Da P. Jung den Abschiedsbrief nicht kannte, stellte er die Frage, ob J. G. in den offiziellen Nekrolog des Ordens eingetragen werden sollte. Im ersten Necrologium Societatis Mariae nach dem Zweiten Weltkrieg (1976) ist J. G. genannt; im Personalverzeichnis der österreichischen Provinz ist seit 1955 ein Kalendarium zu finden, in dem J. G. von Anfang an zu finden ist.

179 Vgl. Kaiser, Hitlers Jünger und Gottes Hirten, S. 370–375

180 Brief von J. G. an Familie Steinlechner, am 13. August 1943; in: Positio Super Martyrio (dt. Texte)

181 Tiroler Nachrichten, 13. August 1946, Nr. 173, S. 3

182 Vgl. Kirche, Wochenzeitung der Diözese Innsbruck, 5. Juli 1987, S. 5: „Ähnlich wie Franz Jägerstätter wurde auch P. Jakob Gapp in den ersten Nachkriegsjahren schamhaft verschwiegen. Dem Orden [der Marianisten] war der geradlinige Tiroler, der unbeugsam der unchristlichen, verbrecherischen Ideologie des Nationalsozialismus entgegengetreten ist, eher peinlich."

183 Vgl. Katholische Kirchenzeitung, Erzbistum Berlin, 23. April 2000, Nr. 17

184 Brief von Prälat Walter Adolph an Josef Gapp, am 20. Juni 1953; ex: Provinzarchiv Greisinghof

185 Vgl. Brief von P. Joachim Schollmeyer an Provinzial Adalbert Ehrmann, am 22. August 1953; in: Positio Super Martyrio (dt. Texte)

186 100 Jahre Marianisten in Österreich, S. 65 u. S. 68

187 Bzgl. J. G. siehe Anhang, Zeittafel

188 Vgl. Marianist, Jg. 41, Nr. 3, März 1997, Es war ein großes Fest, S. 3–10

189 Brief von J. G. an Olga Steinlechner, am 26. Januar
1940; in: Positio Super Martyrio (dt. Texte)
190 Mt 16,18
191 Hinweise auf Kleinschriften, Artikel usw. finden sich in
den entsprechenden Anmerkungen.